ATOUT FRANCE

pour améliorer votre français

sous la direction de

G. DALGALIAN
S. LIEUTAUD
L. PORCHER

Gérard GUTLÉ

ALLIANCE FRANÇAISE

Didier / Hatier

Sommaire

 Parlez-moi de vous

 Grammaire

 Questions de logique

 Façon de parler

 Portraits

 Connaissance de la France

Dessins de Dominique BILLOUT
Photocomposition : COUPÉ
Couverture : S. & G.

© Les Éditions Didier, Paris, 1987   Printed in France
ISBN 2-278-03799-7

Le temps d'apprendre est venu quand on a envie d'être seul(e) pour le faire. C'est un vieux précepte, mais il ne s'est jamais démodé. Il devient même, chaque jour, de plus en plus jeune. Se poser des questions, vérifier si l'on est capable d'y répondre, chercher librement les moyens de résoudre un problème qu'on a choisi librement aussi, voilà ce qu'on aime faire quand on a terminé un apprentissage formel. On cherche seulement à s'entraîner, à entretenir sa forme, pour le plaisir et pour se maintenir en bonne santé intellectuelle.

Ce cahier se donne pour but de vous aider à ne pas laisser vos connaissances en langue et civilisation françaises se rouiller et dépérir. Vous avez terminé votre apprentissage, ou bien vous êtes en vacances, ou tout simplement vous voulez savoir où en est votre français, ce cahier est le vôtre, l'instrument qu'il vous faut pour tester vos savoirs, les vérifier, les confirmer, les améliorer même, peut-être.

Vous l'utilisez à votre gré, à votre rythme, selon vos besoins ou selon votre agrément. Vous jouez librement à évaluer vos capacités, il y a des questions de tous ordres : vocabulaire, orthographe, grammaire, civilisation, compréhension. Vous le prenez dans l'ordre qui vous convient. De toute façon, à chaque fois, la bonne réponse est fournie (page 89).

Mais on aime aussi, parfois, se mesurer aux autres, non par goût de la vanité, mais pour le simple plaisir de la compétition amicale. Chacun de nous aime bien, de cette façon, savoir où il en est par rapport aux autres. Ce n'est pas esprit de concours, mais satisfaction de l'effort accompli. Ce cahier permet aussi à ceux d'entre vous qui le souhaitent, de mesurer ainsi leur force : il y a 40 questions bleues, dont la réponse n'est pas donnée. Si vous voulez savoir comment vous avez réussi à les affronter, avec succès ou non, avec brio ou non, vous envoyez vos réponses à l'Alliance Française la plus proche de votre domicile. Avant le 14 juillet 1988. De nombreuses récompenses, dont plusieurs voyages en France, seront offertes à ceux et à celles qui auront fourni les meilleures prestations.

Les questions bleues sont, à cet effet, regroupées au centre du cahier, dans un feuillet détachable qu'il vous suffit de remplir et de faire parvenir à la bonne adresse.

Bon voyage sur la route du plaisir de jouer. Et n'oubliez pas : soyez moderne, apprenez le français !

P. GREFFET - L. PORCHER

Bonjour !

> Je suis né en 1986, je suis Français.
>
> J'habite chez vous. Ma profession ? Cahier d'exercices, c'est-à-dire, professeur-adjoint. Ma taille ? je mesure 25 cm.
>
> Ne me demandez pas mon poids — j'ai honte, je suis trop maigre. Il faut me donner beaucoup de mots à manger.
>
> Et vous, qui êtes-vous ?

CARTE D'IDENTITÉ

NOM _____ PRÉNOM _____ SEXE _____

ÂGE AVOUÉ _____ ans

ÂGE OFFICIEL *(réponse facultative)* _____ ans

ADRESSE _____

TÉLÉPHONE _____

PROFESSION _____

TAILLE *(vous pouvez mentir un peu)* _____ m

POIDS *(vous pouvez mentir beaucoup)* _____ kg

PHOTO D'IDENTITÉ

RENSEIGNEMENTS COMPLÉMENTAIRES
(pour vous retrouver si vous me perdez)

Couleur des yeux _____   Nombre de cheveux _____

Nombre de dents _____   Dessin du nez *(de profil)* _____

Couleur des cheveux _____

Longueur du nez *(en cm)* _____

Nombre d'yeux _____

Couleur des dents _____

Marié(e)   oui ☐   non ☐
Je souris souvent *(ne mentez pas)*   oui ☐   non ☐

Pointure des chaussures _____ *(renseignement pour le prince charmant)*

N° du compte en banque _____ *(renseignement pour la princesse charmante)*

4

une bourgade — straggling village
un air revêche (harsh, ill tempered)

jusqu'alors — until then
compassé — stilled, stiff
clairté)
non

basculer   swing/rock
taste — ugly garde
genial
terne — dull

il fait chier

1. (i) $e^{-1} = 1 - x + \frac{x^2}{2} - \frac{x^3}{6} = $ ... $= 1 - \frac{1}{2!} - \frac{1}{3!} + \frac{1}{4!}$

$e^{1/2} = 1 + \frac{x}{2} + \frac{x}{4} + \frac{1}{4^{2!}}$ 8,3!

$= 1 + \frac{2}{3} + \frac{1}{3}$

$e^3 = 1 + 3 + \frac{3^2}{2!} + \frac{3^3}{3!}$ ...

(iv) $\sqrt[3]{e} = e^{1/3} = 1 + \frac{1}{3} + \left(\frac{1}{3}\right)^2 \frac{1}{2!}$ ...

(v) $\frac{1}{e} + e = e + e^{-1} = \left(1 + x + \frac{x^2}{2!} + \frac{x^3}{3!}\right) + \left(1 - x + \frac{x^2}{2!} - \right)$ ...

Jeu des questions perdues

> Voici des réponses.
> Trouvez les questions.
> Il y a souvent plusieurs phrases possibles... Choisissez-en une :

1. _Vous n'avez pas vu Mistigri_ ? — Non, je n'ai pas vu votre chat.
2. _Qu'est-ce qu'il fait_ ? — Il est technicien en informatique.
3. _Il est là_ ? — Non, il est sorti.
4. _Vous habitez où_ ? — À Paris.
5. _Il est brun_ ? — Non, il est blond.
6. _Comment vous appelez vous_ ? — Jean-Louis Pondelot.
7. _Vous êtes marié_ ? — Non, divorcé.
8. _Une cigarette_ ? — Non merci, je ne fume pas.
9. _Tu arrives à quelle heure_ ? — 6 h 30.
10. _Comment va votre mère_ ? — Bien, merci.
11. _Il habite ici_ ? — Oui, c'est mon voisin.
12. _Vous parlez japonais_ ? — Non, seulement le français.
13. _Elle va à la plage_ ? — Non, à la piscine.
14. _Vous faites du sport_ ? — Oui, j'aime tous les sports.
15. _Comment tu la trouves_ ? — Elle est jolie.
16. _Elles sont petites_ ? — Non, elles sont grandes.

1

Quel est le sens de ces expressions ? Reliez chaque expression et son sens.

1. Jouer gros jeu   (b)
2. Jouer fin   (a)
3. Jouer sa tête   (e)
4. Jouer serré   (c)
5. Jouer sur du velours (d)

a) agir avec subtilité
b) prendre de grands risques
c) négocier de manière très rigoureuse
d) être sûr de gagner
e) risquer sa vie

Réunion de famille

C'est l'anniversaire de la grand-mère de José. Toute la famille est réunie. Complétez le tableau des relations familiales et trouvez le numéro de chaque personnage (exemple : José, n° 14).

Attention : En France, quand une femme se marie elle peut prendre le nom de son mari (c'est souvent le cas).

Prénom	Nom	Relation familiale	Âge		Profession
1. Paul	Legrand	son oncle (le mari de sa tante)	50	ans	Capitaine de vaisseau
2. Sandra	Ferrand	sa sœur	18	ans	Danseuse
3. Léon	Pommerol	son grand-père (le père de sa mère)	68	ans	Mineur
4. Marc	Brudi	son frère	5	ans	chef cuisinier
5. Pierre	Brudi	son père	39	ans	chef cuisinier
6. Agnès	Legrand	sa tante (la sœur de son père)	45	ans	Hôtesse de l'air
7. Benjamin	Legrand	son cousin	26	ans	Professeur
8. Catherine	Brudi	sa sœur	6	mois	—
9. Myriam	Legrand	sa cousine	24	ans	Infirmière
10. Louis	Ferrand	son beau frère	26	ans	Footballeur
11. Lucie	Pommerol	sa grand-mère (la mère de sa mère)	65	ans	Sans profession
12. Violaine	Brudi	sa mère (née Pommerol)	38	ans	Guitariste
13. César	Brudi	son grand-père (le père de son père)	60	ans	Horloger
14. José	Brudi		8	ans	—
15. Daphné	Pommerol	son arrière-grand-mère (la mère de son grand-père, M. Pommerol)	82	ans	Voyante

La France en 22 régions

A. Situez les régions sur la carte de France (ex : 22).

Pour vous aider voici la liste des régions et une carte qui porte leurs initiales :

1. Lorraine
2. Corse
3. Picardie
4. Haute-Normandie
5. Champagne-Ardenne
6. Pays-de-la-Loire
7. Alsace
8. Auvergne
9. Bretagne
10. Nord-Pas-de-Calais
11. Basse-Normandie
12. Limousin
13. Provence-Alpes-Côte-d'Azur
14. Languedoc-Roussillon
15. Aquitaine
16. Poitou-Charentes
17. Franche-Comté
18. Bourgogne
19. Midi-Pyrénées
20. Centre
21. Rhône-Alpes
22.

Attention : Il manque une région dans la liste ci-dessus.

B. Comment les appelle-t-on ?

Complétez en vous servant du dictionnaire :

1. Il habite la Bretagne,   c'est un _____
2. Il habite en Bourgogne,   c'est un _____
3. Ils habitent en Alsace,   ce sont des _____
4. Ils habitent en Normandie, ce sont des _____
5. Elle habite en Corse,   c'est une _____
6. Elle habite dans le Poitou, c'est une _____
7. Elles habitent en Auvergne, ce sont des _____
8. Elles habitent en Franche-Comté   ce sont des _____

2

Comment se nomment les habitants des villes suivantes ?

1. Pont-à-Mousson : _____

2. Béziers : _____

3. Fontainebleau : _____

4. Pau : _____

5. Besançon : _____

7

Complétez cette lettre, mettez les verbes à la forme qui convient et rayez les mots inutiles.

Il y a dix milliards de lettres possibles.

. . . . . . , le . . . . . / . . . . . . / . . . . .

(1)

Mon/Ma ——————————

(2)

(3) (4)

Quand tu n'es pas là, je ——————————

(5)

me dit que j'ai l'air ——————————

Mon/Ma ——————————

(6) (1)

Je pense toujours à toi quand j'/je ——————————

(7)

——————————, oh mon/ma ——————————

J'ai besoin de ——————————

(8)

Je sais que tu ne ——————————

(9)

Il est vrai que nous ——————————

(10)

Notre avenir est ——————————, j'en suis convaincu(e).

——————————— (signature obligatoire)

1.

Amour
Chéri(e)
Gros(se)
Ange
Vieux (vieille)
Grand(e)
Bonbon au miel
Prof d'amour
Adoré(e)
Cher Ami
Chère Amie

2.

être malheureux(se)
être content(e)
pleurer
t'oublier
dormir
rire
manger
rêver de toi
faire la fête
ne plus vivre

3.

femme
directeur
chef
voisine
professeur
ami Pierre
médecin
mère
tante Adèle
mari

4.

fatigué(e)
triste
heureux(se)
idiot(e)
amoureux(se)
bizarre
rêveur(se)
malheureux(se)
en pleine forme
malade

5.

entendre le téléphone
être seul(le)
dormir
jouer aux cartes
regarder la télé
marcher dans les rues
être dans les bras d'un(e) autre
avoir faim
ne plus avoir d'argent
lire le journal

6.

ta présence
ton sourire
tes lèvres
ton argent
ta voiture
tes caresses
ta folie
ton corps
ta force

7.

m'aimer
me tromper
me connaître
travailler
me mentir
me manquer
me plaire
m'écrire
me désirer
me comprendre

8.

être fait l'un pour l'autre
se marier dans six mois
vivre un moment difficile
devoir nous séparer
s'aimer en cachette
être seul(e) au monde
faire une bêtise
s'aimer comme des fous
être comme chien et chat
avoir les mêmes idées

9.

noir
rose
derrière nous
au fond du lit
mort(e)
triste
merveilleux(se)
compromis(e)
fantastique
désespéré(e)

10.

reviens vite
je t'aime
je te déteste
je te quitte
va au diable
je t'embrasse
à bientôt
grosses bises
tendresse
salut

3

À chaque chanteur attribuez sa chanson.

1. *Les feuilles mortes*	**a)** Georges Brassens
2. *Je ne regrette rien*	**b)** Yves Montand
3. *La chasse aux papillons*	**c)** Jacques Brel
4. *Les vieux*	**d)** Édith Piaf
5. *Hexagone*	**e)** Renaud
6. *Bal chez Temporel*	**f)** Jean Ferrat
7. *Aux Champs-Élysées*	**g)** Guy Béart
8. *La mer*	**h)** Léo Ferré
9. *Paris canaille*	**i)** Joe Dassin
10. *La montagne*	**j)** Charles Trenet

Speech bubbles:
- ET SI C'ÉTAIT LA BELLE BLONDE QUI CHERCHE UN BEAU BRUN!
- C'EST PEUT-ÊTRE LE BEAU BRUN QUI CHERCHE LA BELLE BLONDE

Annonces classées

Petites annonces	*Qui veut quoi ? Complétez*
Fme jolie, libre, coquine, cultivée quarante ans, ch. M. libre, disponible dimanches lundis. Réf. 8011.	*Marie Tupic est jolie, libre, coquine et cultivée. Elle a quarante ans. Elle cherche un Monsieur libre pour le rencontrer les dimanches et les lundis.*
1. Enseign. quarant., ch. jolie J.F. pour passer vac. été d'île en île. Mer Méd. Hum. et bonh. garantis. Écrire au journal. Réf. 183705.	*Fred Belmond est* ———— *Il a* ———— ———— *cherche* ———— ————
2. J.H. sérieux, bonne présentation, permis VL cherche emploi et étudie toutes propositions. Contacter ZIPPEL Roger, 1 r. Schimper 67000 Strasbourg.	*Roger* ———— ———— ———— ———— ————
3. J.F. 17 ans, ayant B.E.P. emploi services sociaux et C.A.P. vendeuse, rech. emploi stable, région Paris. Virginia Wolff : 49.06.14.70.	———— ———— ———— ————
4. H. 36 ans, équil., div., hum., intell., riche, beau et mod. ch. comp. blde. Écr. au journal. Réf. 183.16.	———— ———— ———— ————

Principales abréviations

Brevet d'études professionnelles = B.E.P.
Blonde = blde
Bonheur = bonh.
C.A.P. = Certificat d'aptitude professionnelle
Cherche = ch.
Compagne = comp.
Téléphoner = tél.
Divorcé(e) = div.
Écrire = écr.
Enseignant = enseign.
Équilibre = équil.
Femme = fme
Humour = hum.
Intelligent = intell.
Jeune femme = J.F.
Jeune homme = J.H.
Méditerranée = Méd.
Monsieur = M.
Moderne = mod.
Permis VL = Permis de conduire les véhicules légers
Recherche = rech.
Rue = r.

10

Whisky

Barrez tous les noms et expressions au féminin de ce texte (si vous ne connaissez pas le genre d'un mot, servez-vous du dictionnaire). Barrez aussi tous les mots qui deviennent inutiles.

Exemple :
Mon voisin ~~de chambre~~ a un chien blanc et frisé comme ~~la vieille dame de la poste.~~
Tous les matins devant sa fenêtre, une cigarette à la main, il appelle Whisky, son petit chien.

Il lui met une casquette, une petite robe verte, des chaussettes rouges, un panier sur le bout du nez et de l'argent dans le panier.

Whisky ne parle pas le français, la casquette sur la tête et les mains dans les poches mais il est très poli et très intelligent.

Le panier sur le nez, il va au supermarché de la propriétaire à la moustache blanche pour chercher de la confiture, du pain et du lait. Le vendeur aime bien la menthe, Caipirinha et Whisky. Il est gentil avec les jeunes filles, les jolies femmes et avec le petit chien de la directrice. Quand Whisky a tout dans son panier, il retourne à la porte numéro 5, boulevard du Théâtre de la Reine.

Écrivez une nouvelle histoire, plus logique que la première.

Mon voisin a un chien blanc et frisé. Tous les matins _____

_____

_____

_____

_____

_____

4 **Quelle est la spécialité gastronomique de ces cinq villes ?**

1.	Montélimar	(b)	**a)** l'andouille
2.	Cavaillon	(e)	**b)** le nougat
3.	Le Mans	(c)	**c)** les rillettes
4.	Vire	(a)	**d)** les pruneaux
5.	Agen	(d)	**e)** les melons

11

Vous reconnaissez ces monuments ? Numérotez-les.

Nous avons donné les réponses les plus difficiles.

a) L'Arc de Triomphe ☐

b) Notre-Dame de Paris ☐

c) La Colonne de la Bastille ☐

d) Les Invalides [12]

e) L'Opéra ☐

f) La Madeleine ☐

g) Le Centre Pompidou (Beaubourg) ☐

h) Le Louvre [8]

i) La Tour Eiffel ☐

j) Le Sacré-Cœur ☐

k) L'Obélisque de la Concorde ☐

l) Le Panthéon ☐

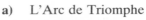

12

Retrouvez le nom de chaque monument de la page précédente.

1. _____ Édifice construit pour Louis XIV mais Napoléon y dort.

2. _____ Elle est née cent ans après la Révolution française.

3. _____ Accrochés au mur, les rois de France y habitent encore.

4. _____ Ce temple à colonnes porte un prénom de femme.

5. _____ Son nom est aussi celui d'un roman de Victor Hugo.

6. _____ Grand livre en pierre à la gloire de Napoléon.

7. _____ Cette colonne porte le nom d'une prison détruite en 1789.

8. _____ Habits de soirée, robe longue et grande musique.

9. _____ Petit souvenir d'Égypte dans les bagages de Napoléon.

10. _____ Basilique au sommet de Montmartre.

11. _____ Les grands hommes y entrent quand ils sont morts.

12. _____ Temple de la culture française moderne.

---

5 **Quels sont parmi ces chefs-d'œuvre de l'architecture française ceux qui appartiennent à l'art roman ?**

1. Notre-Dame de Reims ✗
2. Abbaye aux Dames de Caen ✓
3. Église de la Madeleine à Vézelay ✓
4. Abbaye de Cluny. ✓
5. Notre-Dame de Paris ✗

6. Église Saint-Philibert à Tournus ✓
7. Église de la Madeleine à Paris ✗
8. Cathédrale Sainte-Cécile à Albi ✗
9. Notre-Dame-de-la-Grande à Poitiers ✓
10. Notre-Dame-de-la-Garde à Marseille ✗ ?

---

6 **Retrouvez la signification de ces mots d'argot.**

1. du blé : _de l'argent_
2. des fringues : _des vêtements_
3. un poulet : _un agent_
4. un mec : _un homme_
5. une nana : _une jeune femme_

6. une bagnole : _une voiture_
7. des pompes : _des pieds_ chaussures
8. le boulot : _le travail_
9. du pinard : _du vin_
10. la trouille : _la peur_

LA COMÉDIE FRANÇAISE EN DEUIL

Avec la mort d'Évelyne Bavelles-Cortier la France a perdu l'une de ses plus grandes actrices. Rendue célèbre par son interprétation d'Athalie, Évelyne a poursuivi une carrière brillante en jouant tous les grands rôles. Elle a rencontré l'homme de sa vie sur la scène du Grand Théâtre. Elle était Chimène, il était le Cid : l'Actrice a épousé l'acteur ; Évelyne a épousé Marc _____

_____

Le Monde des Acteurs, 12 mars 1986.

 **FAIRE-PART**

Nous avons le regret de vous faire part du décès de

Mme CORTIER Évelyne
née BAVELLES

Notre très chère épouse, mère et grand-mère, morte à l'âge de 68 ans munie des Saints Sacrements de l'Église.

LYCÉE ALBERT Iᵉʳ

CHAMPIONNAT INTERSCOLAIRE DE BOXE

mardi le 4 juin 1986
GRANDE FINALE JUNIORS

BITOT LUC 15 ans
contre
BAVELOT ÉRIC 14 ans

**Mme BAVELOT
DENTISTE
3ᵉ étage à droite**

Paris, le 25 juin 86

Chère Isabelle

Notre père a 80 ans, le 1ᵉʳ juillet. Comme maman n'est plus là, on fêtera ça chez moi, le célibataire de la famille. J'espère que tu peux venir avec ton mari et tes enfants.

Ton frère Alexandre

Le 28 juin 1986

Cher Alexandre

Le 1ᵉʳ juillet Pierre doit travailler à l'hôpital mais je viens avec Sophie, Géraldine et Éric.

Isabelle

J.F. 22 ans. Jolie, brune, yeux verts, accepte poses revues photos, revues mode. Répondre sous n° 140613.

Musicien 43 ans. Cherche J.F. intelligente et douce en vue mariage. Écrire sous n° 162136.

Revue de l'Art du 20 juin 1986.

HOSPICES CIVILS DE PARIS

TABLEAU DE PERMANENCE

Le 1.7.86

Chirurgie : Dr Bavelot
Radiologie : Dr Brunet
Anesthésie : Dr Martin

— **Dis-moi, Isabelle ; quel âge a ton mari ?**
— **Mon mari ? Le même âge que moi.**
— **Et quel est ton âge ?**
— **Ça, je ne te le dirai pas.**

Géraldine,

Vite un mot que je glisse sous ta porte. On voit bien que tu es professeur. Tu me fais un cours de morale comme à tes élèves. J'ai parlé avec maman. Je veux travailler pour être indépendante. Maman a 42 ans. Mais elle me comprend mieux que toi, ma sœur de 24 ans.

Salut

Sophie

Le 30 juin 86

Ma petite Sophie,

Papa n'est pas content : ce matin il a lu ton annonce dans le Nouvel Obs. Il te paye des études de médecine et pas des études de mannequin. Tu es jeune ! Pense à ton avenir. Demain tu vas voir papa chez l'oncle Alexandre. Parle avec papa ou téléphone-lui avant !*

Géraldine

---

* Nouvel observateur (journal hebdomadaire)

15

G Jamais d'accord !

Quand ils disent blanc, vous dites noir.
Quand ils disent non, vous dites oui.
Ce qui leur plaît, ne vous plaît pas.
Ce qu'ils n'aiment pas, vous l'aimez.
Ce qu'ils font, vous ne le faites pas.

À partir de cette idée, complétez l'exercice. Il y a plusieurs phrases possibles, choisissez-en une.

Exemple : *Ils aiment les blondes.*
— *Je n'aime pas les blondes.*
— *J'aime les brunes.*
— *J'aime les blonds.*

1. — Ils veulent aller au cinéma.   — _____

2. — Ils ne boivent pas de whisky.   — _____

3. — Ils fument.   — _____

4. — Ils vont à l'Opéra.   — _____

5. — Ce sont de beaux garçons.   — _____

6. — Nous aimons les sports.   — _____

7. — Ils ne parlent pas le français   — _____

8. — Nous avons les cheveux courts.   — _____

9. — Ils parlent beaucoup.   — _____

10. — _____   — Je suis pauvre.

11. — _____   — Je n'aime pas les jeans.

12. — Nous sommes passionnés de moto.   — _____

13. — Elles aiment les blonds aux yeux bleus.   — _____

14. — _____   — Je ne veux pas de chien.

15. — Ils connaissent Philippe.   — _____

16. — Ils habitent en banlieue.   — _____

17. — On va au bureau des renseignements.   — _____

18. — _____   — Je ne suis pas fatigué(e).

Vouvoiement

Gaetano est espagnol. Il a 25 ans. Il étudie à L'École des Mines et habite le Quartier Latin.

Il prend le métro pour aller à ses cours.

Un inconnu le retient pour l'interroger :

1. — Tu es étranger.   *(Gaetano ne dit rien.)*
2. — Tu as quel âge.   *(Gaetano ne répond pas.)*
3. — Tu ne parles pas le français ?   *(Gaetano se tait.)*
4. — Tu habites à Paris ?   *(Gaetano garde le silence.)*
5. — Où est-ce que tu vas ?   *(Gaetano fait la sourde oreille.)*
6. — Où vas-tu ?   *(Gaetano reste muet.)*
7. — Où est-ce que tu travailles ?   *(Gaetano ne desserre pas les dents.)*
8. — Tu ne veux pas répondre ?   — Non, dit Gaetano, je ne réponds pas, quand on me tutoie.

L'inconnu va reposer ses questions à la forme de politesse. Aidez-le et écrivez les réponses de Gaetano. Attention ! Trois questions sont maintenant inutiles. Barrez-les.

1. « Vous _____ — _____
2. — _____ — _____
3. — _____ — _____
4. — _____ — _____
5. — _____

7

On dit que le coq chante, le chat miaule, le chien aboie. Que font les animaux suivants ?

1. le corbeau : *Croasse*
2. la grenouille : *coasse*
3. le tigre : _____
4. la pie : _____
5. l'âne : *brait*

6. l'éléphant : *barisse* ?
7. le chameau : *blatère*
8. le lion : *rugisse* ?
9. la cigogne : _____
10. le mouton : *bêle* ?

Conjugaison sportive

Sports : *L'équitation, l'haltérophilie, le football, l'escrime, la boxe, le tir à l'arc, le kayak, le vélo, la natation, le ski, le surf, le basket-ball, la course à pied, le volley-ball, la gymnastique, le judo, le tennis, le tir.*

Complétez les phrases en utilisant « faire du/de la » :

Exemple :
Je fais de la gymnastique

1. Il _____

2. Nous _____

3. Elle _____

4. Ils _____

5. Tu _____

6. Il _____

7. Vous _____

8. Il _____

9. Nous _____

10. Il _____

11. Ils _____

12. Tu _____

13. Elles _____

14. Vous _____

15. Elle _____

16. Il _____

17. Nous _____

18. Tu _____

La jeune fille et le vieux monsieur

Un jean bleu. Un pull vert et beige. Un blouson de plastique couleur rose. Rien d'autre.

On ne connaît pas son nom. Une seule chose est sûre : elle n'a pas quinze ans.

Le vieux monsieur a soixante-treize ans. Il s'appelle Henri Dupont.

Il a une femme, quatre enfants et huit petits-enfants.

Il a encore l'œil vif, la voix forte et la main prompte.

Le vieux monsieur est cardiaque.

Il dort mal.

Il est à la fenêtre et regarde son magasin de radio-cassettes de l'autre côté de la rue…

La jeune fille prend une pierre.

Le vieux monsieur prend son fusil…

La jeune fille lance la pierre.

Le vieux monsieur tire… vers les étoiles.

Le lendemain, le vieux monsieur trouve une lettre sous la porte. Sur une page de cahier de classe il y a un seul mot : « Merci ».

Complétez le tableau suivant.

1. *Identité des personnages.*

Le vieux monsieur	La jeune fille
Nom : ————————	————————
Prénom : ————————	————————
Âge : ————————	————————
Profession : ————————	————————
Situation familiale : ————————	————————

2. *Transformons l'histoire : « Le vieux monsieur dort bien ». Écrivez la suite.*

_____

_____

_____

_____

_____

_____

_____

8 *Voici de grandes entreprises françaises. Quel est leur secteur d'activité ?*

1. Renault	(d)	**a)**	électronique
2. Elf-Aquitaine	(e)	**b)**	chimie
3. Thomson	(a)	**c)**	pneumatiques
4. Michelin	(c)	**d)**	automobile
5. Rhône-Poulenc	(b)	**e)**	pétrole

1. Il y a les Français « tirelires » et les Français « paniers percés ».
Ceux-ci sont 30 %, ceux-là sont 70 %.
Ceux-ci, La Fontaine les appelait des cigales et ceux-là, des fourmis.
Ceux-ci dépensent tout leur argent et ceux-là l'économisent.
Ceux-ci font des dettes chez l'épicier et chez le garagiste et ceux-là ont un compte à la caisse d'épargne.
Ceux-ci ne se font pas de soucis et ceux-là n'ont pas de soucis.

2. Mais tous les Français, les tirelires et les paniers percés, dépensent 22 % de leur budget pour manger (contre 7,8 % pour se cultiver et s'amuser et 6,8 % pour s'habiller).

3. Tous les Français rêvent de langouste et de homard, mais leur plat préféré, c'est le gigot (43 %), avant le coq au vin (30 %) et le traditionnel bifteck au poivre (27 %).

Au hit-parade des vins, le bordeaux rouge vient avant le champagne.
Au hit-parade des fromages, le camembert est en tête devant le chèvre et le roquefort.

4. C'est en France qu'on mange le mieux : tout le monde sait cela ! Mais la bonne cuisine française a un puissant concurrent : le « fast-food ». Il y a déjà 400 endroits en France où l'on peut manger très vite ce genre de nourriture.

5. Prenez un homme normal et faites-le « fast-fooder » : dix ans plus tard, il est énorme. Les « fast-foodeurs » ont des millions de calories en trop. On a calculé que leur graisse peut faire rouler 900 000 voitures sur 18 000 kilomètres pendant un an et que, s'ils mangent normalement, ils peuvent économiser assez d'énergie pour éclairer pendant un an les villes comme Chicago, Madrid ou Osaka !

1. *Quelle est d'après vous la conclusion du texte ?*

_____

_____

2. *Donnez un titre à chaque paragraphe.*

1. _____

2. _____

3. _____

4. _____

5. _____

3. *Inventez un nom français*

pour « fast-food » _____

pour « fast-fooder » _____

4. *Citez deux de vos plats préférés.*

_____

_____

5. *André, Laurent et Sébastien déjeunent au restaurant. Comme dessert ils ont le choix entre trois fruits : melon, papaye ou mangue. André et Laurent ne prennent pas le même fruit ; Sébastien prend le même fruit que Laurent. André et Laurent ne prennent pas de papaye. Si André prend du melon, Sébastien en prend aussi. Quel fruit chacun choisit-il ?*

André _____ Laurent _____

Sébastien _____

GASTRONOMIE RÉGIONALE

Des spécialités gastronomiques et des produits alimentaires sont souvent associés à une ville ou à une région :

Pour l'Italie, c'est les spaghettis, et pour Paris le « bifteck, frites, salade ». Voici une liste de spécialités régionales : la choucroute - les escargots - le cassoulet - les tripes - le foie gras aux truffes - la bouillabaisse - la moutarde - le nougat.

Retrouvez pour chaque spécialité sa ville ou sa région d'origine.

Nous vous aidons un peu !

1. La Bourgogne : _____

2. Le Périgord : _____

3. Caen : _____

4. Dijon : _____

5. Montélimar : _____

6. Toulouse : le c_____

7. L'Alsace : la c_____

8. Marseille : la b_____

9

Ces dix grands crus appartiennent aux vignobles d'Alsace, de Bordeaux, de Bourgogne, du Beaujolais. Replacez chacun dans sa région de production.

1.	Saint-Émilion	Bordeaux	**6.** Chambertin	Bourgogne
2.	Gevürztraminer	Alsace	**7.** Chiroubles	Beaujolais
3.	Meursault	Bourgogne	**8.** Médoc	Bordeaux
4.	Morgon	Beaujolais	**9.** Pommard	Bourgogne
5.	Riesling	Alsace	**10.** Château-Margaux	Bordeaux

21

Ici et là

Identifier les différents lieux représentés.

Avec les pronoms personnels indiqués, faites une phrase avec le verbe être. (Attention à l'emploi des prépositions !)

Exemple :
Il est à Pise.

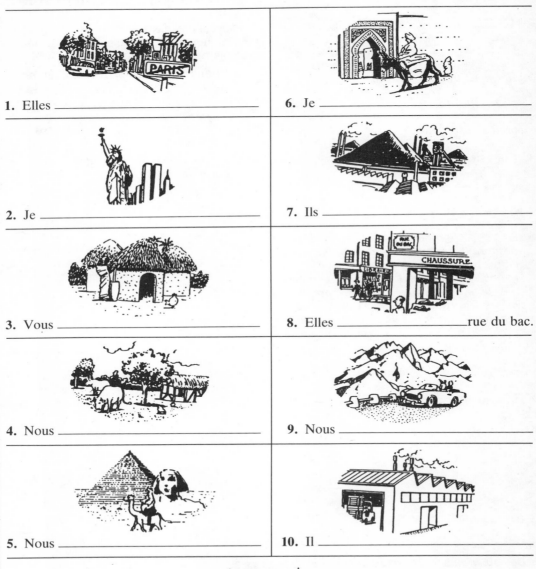

1. Elles _____

2. Je _____

3. Vous _____

4. Nous _____

5. Nous _____

6. Je _____

7. Ils _____

8. Elles _____ rue du bac.

9. Nous _____

10. Il _____

11. Tu _____

Les trois « pas »

PAS = NON
PAS = OUI + NON
PAS = OUI

Une seule question est possible. Trouvez celle qui correspond à la réponse.
Complétez celle-ci par une phrase affirmative.

Exemple : — *Le magasin est de ce côté ?*
         — *On tourne à droite ?*
         — *Non, pas à gauche, il est à droite.*

1. — On va à la piscine demain ?
    — Dis maman, on va à la piscine ?
    — Pas aujourd'hui, _____
    _____

2. — Il a volé du chocolat ?
    — Tu as volé du chocolat ?
    — Non, c'est pas moi _____
    _____

3. — Tu aimes ces chemises ?
    — Tu veux une chemise bleue ?
    — Oui, mais pas la verte _____
    _____

4. — Elle a mal aux dents ?
    — Tu as vu la nouvelle prof ?
    — Oui, elle est pas mal, _____

5. — Alors, docteur ? C'est grave ?
    — Il est tombé de la Tour Eiffel ?
    — Ce n'est pas grand-chose _____

6. — C'est un cadeau pour Annie ?
    — Je peux ouvrir le paquet ?
    — Ce n'est pas pour toi ! _____

7. — Tu habites Paris ?
    — Tu es souvent allé à Paris ?
    — Pas une seule fois _____

8. — Mon chéri ! Tu as vu la belle robe ?
    — Mon chéri ! Tu as vu le coucher de soleil ?
    — Je n'ai pas d'argent pour ça _____

9. — Tu vas parfois au cinéma ?
    — Tu regardes tous les matchs à la télé ?
    — Moi ? Pas toujours, _____

10. — Tu es retourné chez elle ?
     — Tu habites toujours chez elle ?
     — Moi ? Toujours pas, _____

10

Dans quelles régions sont situés les départements suivants ?

1. Pas-de-Calais   b)
2. Marne   e)
3. Vosges   d)
4. Côte-d'or   a)
5. Oise   c)

a) Bourgogne
b) Nord
c) Picardie
d) Lorraine
e) Champagne

Je veux...

Chaque dessin correspond à une situation.
Retrouvez-la et faites une phrase en utilisant le verbe indiqué.

Exemple : Ordonner de
Le professeur lui ordonne de sortir.

1. Commander de _____

2. Dire de _____

3. Ordonner de _____

4. Demander de _____

5. Interdire de _____

6. Proposer _____
Commander _____

7. Ordonner de _____

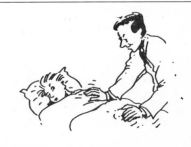

8. Dire de _____

24

Discrimination

Depuis 1789 les femmes luttent contre la discrimination des sexes.

1791 : Déclaration des droits de la femme et de la citoyenne : « Les femmes et les hommes sont égaux et il faut attribuer les places, emplois, charges et dignités sans aucune discrimination. »

1804 : Code Napoléon, article 1124 : « La femme mariée est juridiquement incapable : sa signature n'a pas valeur légale. »

1965 : Code civil, article 223 : « La femme mariée a le droit d'exercer une profession sans l'accord de son mari. »

1972 : Loi du 22 décembre : Pour un travail égal, l'égalité des salaires entre l'homme et la femme est obligatoire.

1975 : La discrimination est interdite entre une femme et un homme pour les offres d'emploi.

1991 : Déclaration des droits de l'homme marié et du citoyen : Les femmes et les hommes sont égaux. Donc, à partir d'aujourd'hui, chaque homme prend l'emploi de sa femme et chaque femme l'emploi de son mari.

Attention ! Certaines professions « masculines » n'ont pas de féminin !
Dans ces cas on utilise généralement : « Madame le... ».

Avant la loi du 14 juillet 1991		Et maintenant ?	
Profession de M.	**Profession de Mme**	**Profession de M.**	**Profession de Mme**
Exemple : Boucher	*Coiffeuse*	*Coiffeur*	*Bouchère*
1. Épicier	Vendeuse		
2. Fermier	Employée		
3. Journaliste	Artiste		
4. Pharmacien	Doctoresse		
5. Commerçant	Dentiste		
6. Instituteur	Libraire		
7. Professeur	Mme le maire		
8. Général	Mme le juge		
9. Ministre	Directrice		
10. Banquier	Cuisinière		
11. Danseur	Mannequin		
12. Policier	Actrice		
13. Présentateur	Sage-femme		
14. Prud'homme	Gardienne		
15. Peintre	Hôtesse de l'air		

11

Les écrivains amoureux. Retrouvez les couples célèbres.

1. Simone de Beauvoir (c)
2. George Sand
3. Madame de Staël
4. Elsa Triolet
5. Sophie Volland

a) Benjamin Constant
b) Louis Aragon
c) Jean-Paul Sartre
d) Alfred de Musset
e) Denis Diderot

Galanterie

Et puis un jeune se dresse, tout rouge.

Il fait un signe à une vieille dame.

Les jeunes, dans l'allée centrale sont tous debout et contents.

Il dit à voix haute avec un joli geste de la main :
— La place est libre, Madame.

En une minute toutes les dames sont assises.

Les jeunes gens, tous assis, regardent leurs pieds.

Il est midi. L'autobus est bondé.

L'homme aux cheveux blancs sourit.

Un homme aux cheveux blancs se lève.

Un deuxième se lève et un troisième…

Les phrases de ce texte sont dans le désordre. Recopiez-les dans l'ordre.

Il est midi. L'autobus est bondé. Un homme _____

_____

_____

_____

_____

_____

_____

Jeu des portraits mélangés

Trouvez les verbes qui manquent et complétez les phrases ci-dessous.

> **Rendez à César ce qui est à César :**
> 1. M. Pedropoulos, étudiant grec vivant à Paris.
> 2. M. Pirapuce, alsacien, professeur, marié sans enfant, inscrit au P. S.*.
> 3. M. Durand, boulanger dans le sud de la France.

a) ☐1 Il _____ la samba et le rock à la musique classique.

b) ☐ Il _____ boulanger dans les faubourgs de Nice.

c) ☐ Il _____ P.S.* mais ne _____ pas à l'union de la gauche.

d) ☐ Il _____ *Le Provençal* et *Paris-Match*.

e) ☐ Pour _____ un peu d'argent, il _____ de la guitare dans les cafés.

f) ☐ Il _____ avec une prof.* de maths mais ils ne _____ pas d'enfants.

g) ☐ La politique française ne l' _____ pas.

h) ☐ Il _____ 63 ans mais il _____ tous les jours à quatre heures du matin.

i) ☐ Depuis dix ans, il _____ l'informatique à l'Université de Strasbourg.

j) ☐ Il _____ au foot avec ses copains et il _____ du ski en hiver.

k) ☐ Dans sa famille on _____ à droite de père en fils.

l) ☐ Il _____ au *Nouvel Observateur* et à des revues d'informatique.

m) ☐ Il _____ boursier. Il _____ les Beaux-Arts à Paris.

n) ☐ Il _____ pour le petit commerce et _____ contre les supermarchés.

o) ☐ Il _____ que la science c' _____ le progrès.

p) ☐ Il _____ à Athènes. Il _____ grec et célibataire.

q) ☐ L'après-midi, il _____ à la pétanque avec ses amis.

r) ☐ Il _____ *Libé** et il _____ les B.D.*

s) ☐ Il _____ chez son fils aîné celui qui _____ 40 ans.

* P.S. : Parti socialiste. — * Prof. : Professeur. — *Libé : Libération* (journal quotidien). — * B.D. : Bandes dessinées.

12

Expressions imagées : Associez le qualificatif au nom de l'animal qui lui correspond.

1. Il est têtu comme	(d)	a) un poisson dans l'eau
2. Il est doux comme	(i)	b) une pie
3. Il est bête comme	(c)	c) une oie
4. Il est connu comme	(j)	d) une mule
5. Il est jaloux comme	(h)	e) un pou
6. Il est heureux comme	(a)	f) un pinson
7. Il est laid comme	(e)	g) une couleuvre
8. Il est gai comme	(f)	h) un tigre
9. Il est bavard comme	(b)	i) un agneau
10. Il est paresseux comme	(g)	j) le loup blanc

*Vous êtes invité chez un vieil ami. Pendant le repas vous lui faites des compliments sur sa maison, ses enfants et son chien et vous lui demandez des nouvelles de son travail (**utilisez : ton, ta, tes, …**).*

_____

_____

_____

*Ensuite vous lui parlez de votre nouvelle voiture, de vos collègues de travail, de votre patron et de votre dernière conquête (**utilisez : mon, ma, mes, …**).*

_____

_____

_____

*Vous faites des compliments à son épouse sur le repas, sur son intérieur, sur ses yeux et ses cheveux pendant les deux minutes où votre ami est sorti (**utilisez : votre, vos, …**).*

_____

_____

_____

*Enfin vous parlez ensemble d'Antoine, votre ami commun : il a des enfants terribles, une vieille voiture, un appartement trop petit, une femme autoritaire… (**utilisez : notre, leur, leurs, son sa, …**).*

_____

_____

_____

_____

13

À chaque festival sa spécialité.

1. Le festival d'Aix-en-Provence (a)   a) la musique lyrique
2. Le festival de Cannes (e)   b) la bande dessinée
3. Le festival d'Avignon (d)   c) le jazz
4. Le festival d'Angoulême (b)?   d) le théâtre
5. Le festival d'Antibes Juan-les-Pins (c)   e) le cinéma

	Vrai	Faux
1. Plus de la moitié des Français sont des Françaises.		
2. Le drapeau français est bleu-blanc-vert.		
3. Les huîtres sont une spécialité de la Côte d'Azur.		
4. La France a des frontières communes avec l'Italie, l'Espagne, l'Allemagne, le Luxembourg, la Belgique et la Suisse.		
5. 90 millions de personnes sur terre utilisent le français tous les jours.		
6. La fleur de lys est le symbole de la France aujourd'hui.		
7. Le T.G.V. (train à grande vitesse) français roule à 260 km/h.		
8. Le 13 juillet c'est la Fête nationale en France.		
9. Beaucoup de Français adorent manger des croissants.		
10. En France, un étudiant sur quatre est étranger.		
11. Le Mont-Saint-Michel est le monument français le plus visité en province.		
12. Napoléon est né hors de l'Hexagone.		
13. La Seine se jette dans la Méditerranée.		
14. Marseille est un grand port au nord de la France.		
15. Autrefois la France s'appelait la Gaule.		
16. Yves Saint-Laurent est un grand couturier français.		

La rue du Parc

C'est une petite rue : il y a seulement quatre maisons.

Trouvez le propriétaire de chaque maison, à quel numéro il habite, quelle est sa profession et son animal préféré !

— Le professeur de chant habite à côté de la dactylo.
— Le chien n'appartient pas à une femme.
— Géraldine habite au n° 3.
— Pierre n'a pas de chien et pas de chat.
— Le singe de Barbara n'aime pas le piano de la voisine.
— Le voisin de Pierre est joueur de football.
— Antoine a seulement un voisin et ce n'est pas une femme.
— Antoine déteste les oiseaux.
— Le perroquet du mécanicien a peur du chat de la voisine.
— La dactylo habite au n° 4.

Prénom :	Profession :	Animal :	Animal :
Profession :	Animal :	Prénom :	Profession :
Animal :	Prénom :	Profession :	Prénom :

J'aimerais...

Exemple : *Proposer de*
Il aimerait voir un ami. Le réceptionniste lui propose d'attendre.

3. Demander _____

Offrir _____

1. Demander si _____

4. Demander (quelque chose) _____

2. Demander si _____

5. Proposer de _____

---

4 Complétez les phrases suivantes par la couleur appropriée.

1. La nuit, tous les chats sont ~~gris~~ **gris**

2. Il broie du **noir**

3. Je suis fatigué, je vais me mettre au **vert**

4. C'est une éminence **grise**

5. Il voit des éléphants **roses**

6. Il est **rouge** de honte

7. Elle a eu une peur **bleue**

8. Tu ris ~~jaune~~ !

9. Elle se fait des cheveux **blonds**

10. Il fait nuit **noire**

31

Dis-moi ce que tu fais et je te dirai qui tu es

> *Imaginez que vous soyez Français(e) et que vous habitiez à Paris.*
> *Que faites-vous le soir ?*
> *Choisissez un énoncé dans chaque série et reportez son numéro dans la case prévue.*

QUE FAITES-VOUS ?

1. *Vous sortez généralement…*   n° ☐

1. seul(e)
2. avec votre époux(se)
3. seul(e) mais vous êtes vite deux
4. avec des gens connus
5. avec une bande de copains
6. avec des amis sélectionnés
7. en famille
8. avec un(e) ami(e) de passage
9. avec vos parents
10. avec votre petit(e) ami(e)

2. *Ce soir vous êtes libre ! Vous allez…*   n° ☐

1. rester chez vous
2. au cinéma
3. danser dans une boîte
4. à la Comédie-Française
5. à l'Olympia pour un concert de rock
6. écouter un concert de jazz
7. jouer aux cartes avec des amis
8. au Moulin Rouge ou au Lido
9. écouter de l'orgue à Notre-Dame
10. dans une salle obscure

3. *Vous aimez les films…*   n° ☐

1. d'horreur
2. historiques
3. d'amour
4. qui ont eu un prix à un festival
5. de science-fiction
6. psychologiques
7. de western
8. comiques
9. tirés d'une œuvre littéraire
10. qui durent longtemps

4. *Vous sortez pour manger…*   n° ☐

1. n'importe où
2. de la bonne cuisine traditionnelle
3. dans une pizzeria
4. chez Bocuse ou Les Frères Troisgros[1]
5. au Mac Donald
6. au restaurant vietnamien
7. dans un endroit conseillé par vos amis
8. chez la Grosse Lulu[2]
9. des poissons et des fruits de mer
10. dans un restaurant discret

1. Restaurants gastronomiques. — 2. Restaurant populaire.

5. *Vous allez au spectacle…*   n° ☐

1. une fois par an
2. quand votre époux(se) vous le demande
3. quand vous avez besoin de compagnie
4. seulement sur invitation
5. quand les copains sortent avec vous
6. quand tous les journaux en parlent
7. en fin de semaine
8. quand vous êtes en forme
9. quand on vous le conseille
10. tous les soirs

Quel numéro avez-vous le plus souvent choisi ?   n° ☐

QUI ÊTES-VOUS ?

Lisez les réponses qui vous concernent (en fonction de vos choix) et donnez vos avis à propos de ces jugements.

n° ☐ **1.** Il faut consulter un psychanalyste. Vous êtes renfermé(e) sur vous-même et vous avez de grands problèmes de relations avec les autres.
Vos réactions : _____

n° ☐ **2.** Vous n'êtes pas égoïste. Vous aimez les choses simples, bonnes et pas chères.
Vos réactions : _____

n° ☐ **3.** Vous manquez d'affection et vous n'avez pas confiance en vous.
Vos réactions : _____

n° ☐ **4.** Vous croyez tout ce que disent les journaux. Vous manquez de personnalité et vous méprisez les autres.
Vos réactions : _____

n° ☐ **5.** Vous êtes sociable mais vous ne décidez rien tout(e) seul(e). Vous suivez trop les modes et vous avez peur des responsabilités.
Vos réactions : _____

n° ☐ **6.** Vous êtes B.C.B.G. (Bon chic, bon genre) et vous voulez passer pour un(e) intellectuel(le).
Vos réactions : _____

n° ☐ **7.** Vous êtes un(e) parfait(e) petit(e) français(e) moyen(ne) raisonnable. Vous n'avez pas beaucoup d'ambitions. Vivez heureux(se).
Vos réactions : _____

n° ☐ **8.** Vous êtes insatisfait(e) à cause de votre vie trop sage. Vous manquez d'équilibre et aimez ce qui est excessif.
Vos réactions : _____

n° ☐ **9.** Vous êtes prisonnier(ère) de votre enfance et des idées reçues. Vous ne vivez pas avec votre siècle.
Vos réactions : _____

n° ☐ **10.** Quand on est amoureux(se), on est égoïste. Vous pensez seulement à votre plaisir personnel. Vous voulez tout garder pour vous.
Vos réactions : _____

15

Expressions figurées. Associez le qualificatif au nom qui lui correspond.

1. Il est tranquille comme	e)	**a)** Artaban
2. Il est fier comme	a)	**b)** Hérode
3. Il est vieux comme	b)	**c)** Crésus
4. Il est pauvre comme	d)	**d)** Job
5. Il est riche comme	c)	**e)** Baptiste

33

À vue de nez

Que remplace « on » dans les phrases suivantes ? (les lecteurs, l'auteur, Marie, le docteur, les habitants du 16ᵉ, le nez de Marie, une personne, tout le monde, les gens).

Dites qui est le « on »
de la phrase :

Où l'on parle de la beauté des femmes.

———————————————

On a tous un nez, un gros nez, un petit nez, un nez grec ou le nez de Cléopâtre.

———————————————

Marie avait, disait-on dans le 16ᵉ, le nez de son grand-père Cyrano. On ne regardait jamais Marie, on regardait son nez. Elle avait beaucoup d'amies mais elle n'avait pas d'amis.

Les habitants du 16ᵉ

Le 10 juin 1985 elle rencontre le Docteur Bazin, chirurgien esthétique de réputation internationale.

On prend rendez-vous pour le 15 juin.

———————————————

Le 11 juin à 9 heures du matin, Marie a une grande discussion avec son nez : « À cause de toi on ne me regarde pas, à cause de toi on est célibataire,

———————————————
———————————————

on est la cause de tous mes malheurs ;

———————————————

on va changer cela

———————————————

on opère dans une semaine. »

———————————————

Les parents de Marie n'étaient pas d'accord : « Quand on a un nez qui a du caractère, on le garde. »

———————————————

« En Éthiopie on meurt de faim et ici, à Paris, on dépense des millions pour de faux nez. »

———————————————

Marie ne change pas d'avis. Le 15 juin on l'opère.

Le 20 on enlève les fils.

———————————————

Le 25 on prend un miroir en tremblant, on regarde et on sourit.

———————————————

Le 26 juin on fait une fête, on est entourée d'hommes et on perd quatre amies.

———————————————

Le 28 on rencontre le grand amour et le 30 on lit dans le journal :

———————————————

« Tragique retour de bal » ; Marie de Bergerac se casse le nez dans un accident de la route.

Qu'en pense-t-on ?

———————————————

Photographie

A. Les pronoms en caractères gras remplacent l'homme en blanc ou le mari. Mettez dans les cases H pour homme en blanc et M pour mari.

Tout de blanc vêtu **il** marche sur le sable de la plage. ☐
Dans une main, une petite radio ; dans l'autre un appareil photo très simple.
Un jeune couple prend le soleil. La femme est belle. Elle sourit.
L'homme en blanc s'arrête. **Il** demande au jeune homme : ☐
— Pouvez-vous me prendre en photo, s'il vous plaît ? Il faut seulement appuyer, ☐
c'est facile... **Il** se place dos à la mer... ☐ ☐
Il remercie puis **il** dit :
Cela vous dérangerait beaucoup de me prendre une autre photo, mais cette fois
avec votre femme ?
— Non, pas du tout, **je** suis d'accord. ☐
La femme se lève et se met à côté de l'inconnu aux habits blancs.
Elle rit. **Il** est ému... ☐ ☐
Ils se serrent la main. Le couple se recouche sur le sable.
L'homme en blanc reprend sa marche le long de la plage.
Il ne se retourne pas. **Il** est heureux. ☐ ☐

D'après Tahar Ben Jelloun.

B. Transformons l'histoire : « Une femme en noir marche sur la plage avec un appareil photo à la main. Elle voudrait une photo avec le mari. »
Recopiez le texte en faisant les transformations nécessaires.

_____

_____

_____

_____

_____

16 *Parmi ces dix artistes, retrouvez cinq grands peintres impressionnistes français.*

1. Le Douanier Rousseau ②. Monet ③. Renoir 4. Ingres ⑤. Cézanne
6. Matisse ⑦. Pissaro 8. Delacroix 9. David ⑩. Manet

35

Parlons un peu de vous

Réagissez sans trop mentir aux affirmations suivantes.

Utilisez un pronom possessif pour chaque réponse.

Exemple : — Vous portez un ensemble violet. ~~Oui~~/Non — *Le mien est noir et jaune*

1. — Vous avez les yeux bleus.   Oui/Non _____

2. — Vous avez un nez grec.   Oui/Non _____

3. — Vous avez une voiture verte.   Oui/Non _____

4. — Votre professeur porte des chaussu-   Oui/Non _____
res de tennis.

5. — Votre voisin(e) de cours a les ongles Oui/Non _____
courts.

6. — Vous partez en vacances avec les amis Oui/Non _____
de votre femme.

7. — Votre mari/femme   Oui/Non _____
Votre ami/amie a des cheveux blancs.

SURENCHÈRE

Souvent on fait un compliment pour en recevoir deux.

Dans cet exercice, nous vous faisons 9 compliments. Rendez-les-nous s'il vous plaît !

(En utilisant chaque fois un pronom possessif !)

Exemple : — Vous portez de très beaux — *Les vôtres, ma chère sont aussi très*
habits.   *élégants.*

1. — Tu as de beaux yeux.   — _____

2. — J'ai beaucoup aimé ta lettre.   — _____

3. — Vous habitez dans un bel immeuble.   — _____

4. — Votre sourire illumine ma vie.   — _____

5. — Tout le monde parle de votre brillant   — _____
esprit.

6. — Vos paroles me vont droit au cœur.   — _____

7. — Tu as une très belle écriture.   — _____

8. — Vous avez une voix merveilleuse.   — _____

9. — Votre repas était délicieux.   — _____

La France n'est plus ce qu'elle était

A. Voici six cartes. Quelle est la carte de la France d'aujourd'hui ?

Les autres sont les cartes de :

1. *La Gaule.*
2. *L'Empire de Charlemagne.*
3. *La France de l'an 1000 sous les Capétiens.*
4. *La France sous Louis XIV.*
5. *L'Empire de Napoléon.*

B. Vérité sur les clichés français.

Rétablissez la vérité en vous servant du dictionnaire.

1. La Tour Eiffel est parisienne, et M. Eiffel est

2. *La Joconde* est le plus célèbre tableau français, mais Léonard de Vinci est

3. Le bifteck-frites est le plat national français, mais bifteck est un nom _____ et la pomme de terre est un légume d'origine _____

4. Aix-la-Chapelle, capitale de Charlemagne, roi des Francs, est une ville _____

5. L'Obélisque, place de la Concorde à Paris, est un monument _____

6. Mais le béret, la baguette, le camembert et le champagne sont bien _____

7. Conclusion : la culture française est internationale ! C'est normal, car la devise de la France c'est :

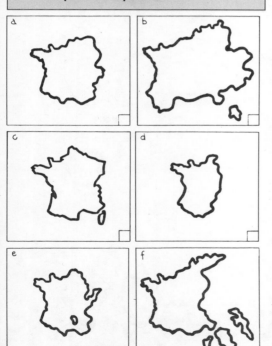

7

Voici cinq rois de France. Quels personnages célèbres peuvent leur être associés ?

1. Louis XIII   e)
2. Louis XIV   a)
3. Henri IV   b)
4. Charles VII   d)
5. François Iᵉʳ   c)

a) Colbert
b) Ravaillac
c) Léonard de Vinci
d) Jeanne d'Arc
e) Richelieu

Qui se ressemble s'assemble

Voici 20 couples : monsieur et madame ont la même expression mais les dames ont des cheveux blonds.
Indiquez cette expression en mettant l'adjectif au féminin.

SATISFAIT _____

NÉGATIF _____

AGRESSIF _____

GOURMAND _____

SENTIMENTAL _____

HORRIFIÉ _____

ENRAGÉ _____

JOYEUX _____

TRISTE _____

SENSUEL _____

GROGNON _____

JALOUX _____

MÉFIANT _____

RÊVEUR _____

GAI _____

INQUIET _____

PRUDENT _____

AMOUREUX _____

SURPRIS _____

_____

PENAUD _____

Et vous, quelle tête faites-vous aujourd'hui ?
Dessinez-la et n'oubliez pas d'ajouter l'adjectif convenable.

38

Temps de travail

Mois \ Saisons	Hiver	Printemps	Été	Automne	Hiver	Jours de la semaine
Janvier						Lundi
Février						Mardi
Mars						Mercredi
Avril						Jeudi
Mai						Vendredi
Juin						Samedi
Juillet						Dimanche
Août						Lundi
Septembre						Mardi
Octobre						Mercredi
Novembre						Jeudi
Décembre						Vendredi
Janvier						Samedi
Février						Dimanche
Mars						Lundi
Avril						Mardi

1. *Lisez les énoncés suivants :*

Jean ne travaille pas le dimanche.

Les lundis, jeudis et samedis Jean ne travaille pas l'après-midi.

Jean ne travaille jamais avant 9 heures du matin.

Jean ne travaille pas l'après-midi quand il est fatigué et il s'arrête toujours à 18 heures.

En semaine Jean va tous les jours au restaurant entre midi et deux heures.

Jean part toujours en vacances à la mer au mois de juillet et il va skier dans les Alpes la dernière semaine de février.

Une fois par mois Jean part en week-end le vendredi après le déjeuner et rentre le lundi soir

2. *Quand est-ce que Jean travaille ?*

_____

_____

3. *Vos commentaires à propos du travail de Jean :*

_____

_____

_____

_____

18

Plus ou moins ? (une seule réponse possible)

1. Combien y a-t-il d'habitants à Lyon (en 1987) ?   (a) 152 000 ☐   (b) 413 000 ☒   (c) 741 000 ☑
2. Combien y a-t-il de départements français ?   (a) 65 ☐   (b) 80 ☐   (c) 100 ☑
3. Quelle est la superficie de la France (en km^2) ?   (a) 551 600 ☑   (b) 594 000 ☐   (c) 615 400 ☐
4. Quelle est l'altitude du Mont-Blanc (en m) ?   (a) 3 804 ☐   (b) 4 309 ☐   (c) 4 807 ☑
5. Le Rhône est un fleuve qui mesure (en km) ?   (a) 750 ☐   (b) 812 ☑   (c) 961 ☐

Le petit dieu Amour veut les aider.
Écrivez ses conseils.

41

Il y a ce qu'on dit et ce qu'on écrit

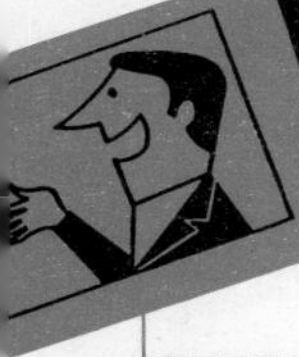

Ordres oraux	*Reconnaissez-les en traçant des flèches.*	Ordres écrits

Exemples :

← ***— Passez-moi le marteau.***

— Attendons réponse télex. →

1. — Ouvre la fenêtre !
2. — Passage interdit
3. — Prenez la prochaine à droite !
4. — Avancez jusqu'à la case départ !
5. — Ne dépassez pas la dose prescrite !
6. — Vous êtes prié de prendre contact avec moi dès votre arrivée.
7. — Véhicules lents, sur la file de droite.
8. — Nous vous donnons l'ordre de transférer 2 000 F sur notre compte n° 43256.
9. — Répondez aux questions ci-dessous.
10. — Revenez ici demain à la même heure !
11. — Envoyez-moi votre dernier catalogue !
12. — Je vous prie de m'écouter !
13. — Veuillez écouter l'avis de vos collègues.
14. — Prière de joindre photocopie de votre carte d'identité.
15. — On ne parle pas la bouche pleine !
16. — Défense d'entrer
17. — N'oubliez pas de signer ce chèque.

19

Vrai ou faux ?

Le président de la République française	vrai	faux
1. Nomme les ministres	? •	f
2. A le droit de grâce	V	
3. Est chef des armées	V	
4. Préside le Conseil des ministres	V	f
5. Signe les ordonnances et décrets adoptés en Conseil des ministres	V	

G **Par monts et par vaux**

1. J'habite ——— Londres et je travaille ——— centre mais il m'arrive aussi de travailler ——— banlieue.

2. Des amis qui vivent ——— France veulent louer une maison ——— le djebel Toubkal ——— la région du Haut Atlas. Ils habitent toute l'année ——— Paris, c'est pourquoi durant les vacances ils préfèrent aller ——— montagne pour se promener ailleurs que ——— les villes. Mais ils veulent aussi passer quelques jours ——— la mer.

3. Es-tu déjà allé ——— Europe, ——— Bolivie, ——— Mexique ?

4. Je suis déjà allé ——— Guadeloupe, ——— Antilles, ——— Itaparica aussi. Mais je ne suis pas encore allé ni ——— Madagascar ni ——— l'île de Marajó.

5. En été, sur la Côte d'Azur, les touristes vont ——— mer, ils se promènent ——— Nice, ——— Saint-Tropez ; l'hiver ils vont faire du ski ——— Alpes.

6. Quand je suis ——— Paris, je vais souvent ——— Quartier Latin ——— 5ᵉ arrondissement. Mes amis habitent ——— Montmartre. L'été, je vais ——— Normandie ou ——— le Poitou.

7. Chiang-Mai se trouve ——— 900 km ——— nord ——— Bangkok.

Noms de France

Voici des noms très connus en France.
Il faut les classer quatre par quatre :

1. Régions de France.
2. Villes de France.
3. Fleuves de France.
4. Monuments de France.
5. Montagnes de France.
6. Vins de France.
7. Plats typiques de France.

- [ ] Un bordeaux
- [ ] La Corse
- [ ] Le Massif Central
- [ ] La Garonne
- [ ] Orléans
- [ ] Le Louvre
- [ ] La bouillabaisse
- [ ] La Loire
- [ ] Les Pyrénées
- [ ] Le cassoulet
- [ ] Un côtes-du-rhône
- [ ] Metz
- [ ] Chambord
- [ ] La Provence
- [ ] Le foie gras
- [ ] Le champagne
- [ ] Le Rhône
- [ ] Rouen
- [ ] Le Mont-Saint-Michel
- [ ] Les Vosges
- [ ] La choucroute
- [ ] Un bourgogne
- [ ] Limoges
- [ ] La Tour Eiffel
- [ ] La Seine
- [ ] Les Alpes
- [ ] L'Alsace
- [ ] La Bretagne

20

Quel est le sens des expressions suivantes ?

1. Il y a belle lurette (d)
2. Être aux abois (f)
3. Tailler une bavette (a)
4. C'est un cordon bleu (g)
5. Tomber des nues (b)
6. Le jeu n'en vaut pas la chandelle (h)
7. Monter sur ses grands chevaux (j)
8. Tourner de l'œil (i)
9. Casser sa pipe (e)
10. Poser un lapin à quelqu'un (c)

a) Bavarder
b) Être extrêmement surpris
c) Ne pas venir au rendez-vous
d) Il y a longtemps
e) Mourir
f) Être dans une situation désespérée
g) Il cuisine très bien
h) C'est sans importance
i) S'évanouir
j) Se mettre en colère

21

Où se situe la source de ces cours d'eau ?

1. La Loire (c)
2. La Seine (a)
3. Le Rhône (b)
4. La Garonne (e)
5. La Dordogne (d)

a) le plateau de Langres
b) un glacier près du col de Furka
c) le Mont Gerbier-de-Jonc
d) le Puy de Sancy
e) le Pic de Maladetta

45

Il était une fois un merveilleux pays appelé Balaya.

Le pays faisait partie de l'empire de Tolménie et les Balayades, ses habitants, vivaient très heureux : la terre était fertile et les vaches étaient bien grasses, les femmes y étaient belles et les hommes forts et courageux.

Cependant Nemrod, le prince de Balaya, avait beaucoup de soucis. Ses sujets travaillaient bien, mangeaient bien, avaient de belles maisons, et ils adoraient les fêtes où ils chantaient et dansaient.

Et pourtant, même au-delà des frontières de l'empire de Tolménie, on se moquait des Balayades, et cela attristait beaucoup leur prince. On disait d'eux qu'ils étaient heureux, très heureux, parce que les imbéciles sont toujours heureux.

En effet, les Balayades n'aimaient pas réfléchir. Leur ciel était toujours bleu et leur table bien garnie, alors, pourquoi réfléchir, calculer, et se creuser la cervelle ?

Or le prince, qui aimait beaucoup ses sujets, voulait réveiller leurs cerveaux pour que les rires cessent. Il a demandé l'avis de ses sages conseillers.

C'est ainsi qu'un beau jour tous les habitants de Balaya ont reçu la proclamation royale suivante :

Avis aux habitants de Balaya

J'ai posé un coffret en or massif au sommet du Mont des Mandragores et dans le coffret j'ai mis trois énormes diamants noirs.

Le coffret est à vous si vous respectez les conditions suivantes :

Allez à la ville de Trablos, au nord du pays.
À partir de Trablos, il faut aller à pied, seul ou à plusieurs. Il y a 4 jours de marche de Trablos jusqu'au Mont des Mandragores.
Arrivés là, prenez le coffret et revenez à Trablos.

Chacun a seulement de l'eau pour cinq jours de marche, mais des aliments concentrés en quantité illimitée.

Attention, entre Trablos et le Mont des Mandragores, c'est le désert, un désert sans eau, sans plantes et sans animaux, un désert de pierres et de sable.

Mes soldats contrôlent la Chasse au Trésor !
5 jours d'eau et pas plus ! Si vous réfléchissez bien, le trésor est à vous.
Bonne chance !

Fait en mon palais, le 17 février 1764

Nemrod, prince de Balaya

Le coffret est toujours à la même place, au sommet de la montagne, et les trois diamants noirs aussi. Aucun habitant de Balaya n'a quitté sa maison pour aller à la Chasse au Trésor.

Si un jour vous vous promenez dans les rues de Balaya vous pourrez encore entendre un vieux sage dire parfois aux jeunes :

« Il récuse son bonheur celui qui poursuit les diamants noirs. »

Qui peut dire que les Balayades ne sont pas intelligents ?

* bide = échec

1. *Vous êtes tous très intelligents, n'est-ce pas ?*
Alors, trouvez la solution de l'énigme ! Il y en a plusieurs. Elles sont simples et logiques et elles respectent les conditions du prince.

_____

_____

_____

_____

_____

2. *Donnez un titre à ce conte.*

3. *Encadrez les mots de liaison entre les paragraphes et soulignez les verbes à l'imparfait (jusqu'à la proclamation royale).*

4. *D'après vous, les habitants de Balaya étaient-ils intelligents ? Dites pourquoi.*

_____

_____

_____

_____

Quelle est la périodicité de ces publications ?

1.	Biba	(m)	**a)**	quotidien
2.	Le Figaro	(a)	**b)**	hebdomadaire
3.	Le Nouvel Observateur	(b)	**c)**	bimensuel
4.	Jeux et Stratégies	(e)	**d)**	mensuel
5.	L'Auto-journal	(c)	**e)**	bimestriel

On ne dit pas n'importe quoi à n'importe qui n'importe quand et n'importe où

Voici une série d'énoncés.
Pour chacun d'eux il faut imaginer qui pose la question, à qui on la pose et dans quelles circonstances (quand et où).

Exemple :
Qui a oublié son képi sur la tête de la statue de la République ?

1. — A × 2 + Bx + C = 0. Qui a la solution ?
2. — Où as-tu passé la nuit ?
3. — Où est-ce que vous avez mal ?
4. — Vous avez bien dormi ?
5. — La table du fond est libre ?
6. — Est-ce qu'elles sont dans ton sac à main ?
7. — Vous montez prendre un verre ?
8. — C'est encore loin ?
9. — Et dans votre jeunesse ?
10. — Qui a marqué le but ?
11. — Quelle est la différence entre le train et le café ?
12. — Vous êtes bien né le 29 février 1956 ?
13. — On ne vous a jamais appris la politesse ?
14. — Notre-Dame, s'il vous plaît ?

	PERSONNES		CIRCONSTANCES	
	Qui ?	**À qui ?**	**Quand ?**	**Où ?**
Ex. :	*le Général Denfer*	*à tous les soldats du régiment*	*le lendemain du 14 Juillet*	*A la caserne*
1.				
2.				
3.				
4.				
5.				
6.				
7.				
8.				
9.				
10.				
11.				
12.				
13.				
14.				

Le questionnaire de Proust

Marcel Proust, écrivain français mort en 1922 pose les questions :

Un ministre français de la Culture répond (les réponses sont dans le désordre, reclassez-les !).

1. Dans quel pays aimeriez-vous vivre ?

2. Quelle est votre qualité préférée chez un homme ?

3. Quelle est votre qualité préférée chez une femme ?

4. Quelle est votre occupation préférée ?

5. Quel métier aimeriez-vous exercer ?

6. Quelle est votre couleur préférée ?

7. Quel est votre poète préféré ?

8. Quels sont vos héros préférés ?

9. Que détestez-vous le plus ?

10. Quelle réforme admirez-vous le plus ?

☐ **a)** faire la cuisine

☐ **b)** le bleu

☐ **c)** Arthur Rimbaud

☐ **d)** en Italie

☐ **e)** Zorro, King Kong et Dracula

☐ **f)** la suppression de la peine de mort

☐ **g)** être agent secret

☐ **h)** la torture

☐ **i)** la générosité

☐ **j)** la franchise

À vous de répondre :

_____
_____
_____
_____

_____
_____
_____
_____

23

Retrouvez les mots manquants de ce célèbre texte de Flaubert.

C'était le _____ . Elle se levait, et elle s'habillait _____ pour ne _____ éveiller Charles, qui lui aurait fait des _____ sur ce qu'elle s'apprêtait de trop _____ heure. Ensuite elle _____ de long en large ; elle se mettait devant les fenêtres et _____ la Place. Le petit _____ circulait entre les piliers des halles, et la _____ du pharmacien, dont les _____ étaient fermés, laissait apercevoir dans la couleur pâle de l'aurore les majuscules de son enseigne.

1. « J'ai un mari, deux enfants de 12 et 7 ans et un nom : Anne Duchamp. Mais mon métier c'est 95 % de ma vie. À 38 ans j'ai un emploi à la mesure de mes ambitions : P.D.G.[1] d'une agence de publicité et de relations publiques, installée au cœur de Lyon. Mes amis et mes concurrents m'appellent « superwoman » à cause de mon énergie combative. Au bureau, tous mes collaborateurs sont épuisés à 8 heures du soir et moi je suis en pleine forme.

Je n'ai pas honte de dire que je suis féministe. Je n'ai peur de rien. Ma devise : Avec du talent et du charme une femme a toutes les armes pour diriger les hommes mieux que d'autres hommes. »

2. « Personne ne connaît mon âge, moi non plus. Le curé pense que je suis très vieux et aussi un peu fou. Je vis avec mes moutons et je suis heureux comme ça.

Je ne parle pas souvent avec d'autres gens : il n'y a pas de route pour monter ici, « au pré d'argent ». Je ne connais pas Toulouse et je ne sais pas où est Paris, mais moi, Jules Castagnol, je connais les herbes et les bêtes, les vents et les étoiles.

Je n'ai jamais été à l'école mais la nature est un beau livre que je peux réciter par cœur.

Les gens des villes connaissent l'alphabet mais ils ne savent pas lire ce livre : ils ont perdu un trésor. »

3. « À 40 ans tout le monde rêve d'avoir 20 ans. Moi, j'ai 20 ans et je ne suis pas heureux. Je crois aux vertus du travail mais je n'ai pas de travail. Comme tous mes amis, je veux me marier, avoir des enfants, acheter une voiture, mais un chômeur n'a pas d'argent.

J'ai quitté le lycée pour être indépendant, mais chaque semaine je dois demander de l'argent à mes parents. J'aimerais prendre mes vacances dans le midi mais un chômeur n'a jamais de vacances !

Moi, Patrick Delagrave, parisien et chômeur à 20 ans, je rêve souvent d'avoir 40 ans. »

4. « Je suis saxophoniste et chanteuse dans un groupe de rock. Je suis montée sur la scène de l'Olympia avec le groupe punk « Gazoline » dans le cadre du festival rock et j'ai beaucoup voyagé en France et en Angleterre.

J'ai quinze ans et demi et je suis en terminale au Lycée Voltaire de Paris. J'ai demandé à mes parents de me laisser trois mois pour voir si je peux gagner ma vie avec la musique. Si ça ne marche pas, je retourne à mes études.

« Punk », ça veut dire « pourri » et ça, je le suis. Je crois à la violence. Les punks sont les terroristes de la musique et moi, Marie Punki, je suis leur reine. »

1. Président-directeur général.

TEXTES ET TITRES

1. *Quel est le bon numéro ?*

a) « Pourrie » _____ ☐

b) « Le vieux de la montagne » _____ ☐

c) « Super woman » _____ ☐

d) « 20 ans ou 40 ans » _____ ☐

2. *Trouvez un autre titre :*

_____

_____

_____

_____

SYNTHÈSE DES PORTRAITS

Remplissez la grille :

	Patrick	**Jules**	**Anne**	**Marie**
Quel âge ont-ils ?				
Où habitent-ils ?				
Quels adjectifs peuvent les caractériser ?				
Qu'est-ce qu'ils aiment dans la vie ?				
Que pensez-vous du personnage ?				

PORTRAIT IMAGINAIRE

Complétez :

J'ai _____ ans. Je suis _____ et _____ enfants.

J'ai un beau métier, je _____.

Dans ma ville les gens sont _____ ;
ils ne se battent pas, ils volent rarement et
ils ne divorcent jamais. À cause de cela
je _____.

J'y vais en _____ à _____

À midi je _____ le soir je _____

_____ avec ma femme.

Le week-end, _____

et _____.

Mes amis disent que j'ai deux grandes
qualités, _____ et _____, et
un gros défaut, je _____.

Moi, je me trouve bien comme je suis.

Comment je m'appelle ? J'ai le prénom d'un

grand roi de France_____.

Connaissez-vous bien la France ?	**Vrai**	**Faux**
1. Clemenceau a été président de la République	V	F
2. Le 11 novembre est un jour férié	V	
3. Marguerite Duras a obtenu le prix Goncourt en 1982		F
4. Le kir est un apéritif	V	
5. Saint-Pierre-et-Miquelon est un département français	V	

> *Dans le texte suivant beaucoup de mots ou groupes de mots sont introduits par un adjectif possessif.*
>
> *Soulignez en noir ceux qui sont liés à Jules.*
>
> *Soulignez en rouge ceux qui sont liés à Gaston.*
>
> *Encadrez en rouge ceux qui sont liés aux deux.*

Après vingt ans de séparation deux amis d'enfance se retrouvent…

GASTON — Jules, mon vieux copain, c'est bien toi ?

JULES — Eh oui, Gaston ! Ton vieil ami a beaucoup changé.

GASTON — Mais non ! Tu as toujours ta grande moustache et ton nez en trompette !

JULES — Oui mais le fils de ma mère n'a plus ses vingt ans.

GASTON — Tu crois peut-être que l'ami du fils de ta mère n'a pas vieilli !

JULES — Parlons d'autre chose ! Tu as revu notre belle Antoinette ?

GASTON — Assez souvent. C'est ma femme et la mère de notre garçon.

JULES — Ce n'est pas vrai ! Et notre ami Arthur ?

GASTON — Il travaille dans mon usine avec sa femme et leur fils aîné. Leurs filles sont les amies de mes deux filles et nos femmes sont inséparables. Tu vois, je reste fidèle à notre enfance, moi !

JULES — Et ton garçon, ça va ?

GASTON — Pas de problème : il fait ses études à Paris.

JULES — Où habites-tu ? Toujours à côté de notre école ?

GASTON — Non, juste à côté de la maison où habitait ta tante Adèle.

JULES — On va continuer à la maison devant un verre. Ma femme va être contente ! D'ailleurs tu la connais. Julie, l'ancienne secrétaire de ton père !

GASTON — Julie ! Pas possible ! Si je comprends bien notre Julie c'est maintenant ta Julie.

JULES — Oui, et notre Antoinette c'est maintenant ton Antoinette. Le monde est vraiment petit, n'est-ce pas ?

> « Tous les mots qui se terminent par « eur » prennent un « s » quand ils sont plusieurs. »
>
> Marc ARGAUD

25

Voici cinq produits de la technologie française. À quels secteurs appartiennent-ils ?

1. Ariane (a)
2. Concorde (e)
3. T.G.V. (d)
4. Peugeot 205 turbo (b)
5. Minitel (c)

a) aérospatiale
b) automobile
c) télématique
d) chemins de fer
e) aéronautique

Villes de France

1. *Les quatre plus grandes villes de France ne sont pas sur cette carte. Ajoutez-les.*

2. *Rendez à chaque région sa capitale.*

a) Paris	1. Lorraine	
b) Strasbourg	2. Corse	
c) Limoges	3. Picardie	
d) Lille	4. Haute-Normandie	
e) Besançon	5. Champagne-Ardennes	
f) Rouen	6. Pays de la Loire	
g) Clermont-Ferrand	7. Alsace	
h) Lyon	8. Auvergne	
i) Bordeaux	9. Bretagne	
j) Toulouse	10. Nord-Pas-de-Calais	
k) Nantes	11. Basse-Normandie	
l) Montpellier	12. Limousin	
m) Caen	13. Provence-Alpes-Côte-d'Azur	
n) Dijon	14. Languedoc-Roussillon	
o) Rennes	15. Aquitaine	
p) Poitiers	16. Poitou-Charentes	
q) Ajaccio	17. Franche-Comté	
r) Metz	18. Bourgogne	
s) Marseille	19. Midi-Pyrénées	
t) Orléans	20. Centre	
u) Amiens	21. Rhône-Alpes	
v) Châlons-sur-Marne	22. Île-de-France	

À gauche ou à droite ?

1. Trouvez votre chemin :

Vous êtes à Cancolles-les-Flots ! Nous vous indiquons le chemin. Tracez-le avec un crayon rouge :

Vous sortez du parking et vous longez la mer sur le trottoir de gauche.

Vous traversez la rue quand vous arrivez au tennis. Vous continuez dans la même direction sur le trottoir de droite. Vous ne tournez pas autour du magasin qui fait l'angle : vous allez tout droit et vous traversez deux rues.

Vous descendez cinq marches et vous longez l'eau. Vous passez sous deux ponts et puis vous remontez. Vous êtes face à une grande rue : vous passez sur le trottoir de droite. Vous ne prenez pas les deux rues sur votre gauche, vous achetez quelque chose dans le deuxième magasin à votre droite. Vous prenez ensuite la première à droite et immédiatement à gauche et puis de nouveau à gauche en tournant autour d'un bloc de deux maisons.

a) — *Où êtes-vous maintenant ?* _____

b) — *Qu'est-ce que vous avez acheté ?* _____

2. Indiquez le chemin à quelqu'un :

M. Dubot est au parking, il ne connaît pas Cancolles-les-Flots. Il veut acheter des cigarettes puis mettre une lettre à la poste et boire un verre au bord du canal.
Indiquez-lui son chemin pour faire tout cela !

_____

_____

_____

_____

54

Ce qu'on dit	Ce qu'on veut dire

Exemples :
— *Je préfère ne pas parler de Léo.*
— *Vous avez perdu votre montre ?*

— *Je n'aime pas Léo.*
— *Vous êtes en retard !*

1. — Il y a du courant d'air dans cette pièce.
— _____

2. — Tu as de beaux yeux, tu sais !
— _____

3. — J'ai besoin de boire un café bien fort ce matin.
— _____

4. — (Au café, avec des amis) J'ai oublié mon portefeuille.
— _____

5. — Je ne suis pas sourd.
— _____

6. — On n'est pas sur une autoroute.
— _____

7. — (Chez un ami). Tu n'as pas soif ?
— _____

8. — Si André téléphone, je ne suis pas là.
— _____

9. — Ce paquet est très lourd et toi tu es fort.
— _____

10. — Tu as ta voiture ?
— _____

11. — Qu'est-ce que tu fais ce soir ?
— _____

12. — Tu as une cigarette ?
— _____

13. — Vous pouvez répéter la dernière phrase ?
— _____

14. — Vous ne voulez pas prendre un dernier verre ?
— _____

15. — Déjà 11 heures ! Ma femme va s'inquiéter.
— _____

16. — Je n'ai plus mes jambes de vingt ans.
— _____

26

Que signifient ces expressions ?

1. Tu veux que je t'aide ? (b)
2. Il a l'estomac dans les talons (d)
3. Il s'en est mis plein la lampe (a)
4. Il lève le coude (c)
5. Il y a anguille sous roche (e)

a) Il a bien mangé
b) Arrête de faire des bêtises
c) Il boit beaucoup
d) Il a faim
e) Cela cache quelque chose

A. Trouvez les questions (demande de renseignements).

DANS L'AVION.

DANS UNE DEMI-HEURE MONSIEUR !

a

A L'ARRIVÉE.

b

PRÈS DE L'ARC-DE-TRIOMPHE ? J'EN CONNAIS UN BIEN ET PAS CHER RUE TROYON.

TAXI PARISIEN

PARIS

A L'HÔTEL

c

J'EN AI UNE AU 3e ÉTAGE.

d

VOUS AVEZ LE TÉLÉPHONE DANS VOTRE CHAMBRE

300 A 360

300 A 350

PRÈS DE L'ARC-DE-TRIOMPHE

e

LA BANQUE TRANSATLAN-TIQUE ? JE CROIS QUE C'EST BOULE-VARD HAUS-SMANN. EN MÉTRO C'EST A 10 MIN.

DANS LE MÉTRO

f

VOUS DESCENDEZ À CHAUSSÉE-D'ANTIN

B. Donnez une identité au personnage.	ACTIVITÉS PROFESSIONNELLES : _____
	_____
	_____
	_____
	SPORTS PRATIQUÉS : _____
	_____
	_____
	_____
	LOISIRS PRÉFÉRÉS : _____
	_____
	_____
	_____
	_____
	OPINION D'UN AMI : _____
NOM : _____	_____
PRÉNOM : _____	_____
NATIONALITÉ : _____	_____
NÉ LE : _____	_____
À : _____	OPINION D'UN COLLÈGUE : _____
TAILLE : _____	_____
SIGNES PARTICULIERS : _____	_____
DOMICILE : _____	_____
_____	_____
SITUATION DE FAMILLE : _____	_____
_____	CASIER JUDICIAIRE : _____
ÉTUDES : _____	_____
_____	_____
	_____

27 *Retrouvez un des personnages de chacune des cinq œuvres suivantes.*

1. *Le Cid*   (d)
2. *Le Rouge et le Noir* (a)
3. *Les Misérables*   (e)
4. *L'Avare*   (c)
5. *L'Éducation sentimentale* (b)

a) Julien Sorel
b) Frédéric Moreau
c) Harpagon
d) Rodrigue
e) Gavroche

Casse-tête

Irène, la secrétaire de M. Dagobert, trouve sur son bureau la note suivante :

« Il faut organiser dans la semaine du 29 septembre au 3 octobre la réunion avec Hautecourt et Chauveroy.

Vous avez mon emploi du temps et leurs réponses à mon invitation.

Notre réunion doit durer deux heures. Trouvez donc deux heures qui arrangent tout le monde et prévenez mes amis. Si c'est nécessaire, je peux avancer mon retour de Londres à mardi soir pour être libre le mercredi matin. Je rentre demain, bon travail ! »

Heures	Lundi	Mardi	Mercredi	Jeudi	Vendredi
9-10	Libre			Libre	Libre
10-11	Libre			Libre	Libre
11-12	Banque		11 h 30 Arrivée aéroport Charles De Gaulle	Réunion avec délégué du personnel	Conseil d'administration
12-13	Anniversaire Dorothée		Déjeuner avec M. Hertzmann	Déjeuner avec l'avocat	Déjeuner au Clos Voltaire
13-14	À table chez Bocuse		Libre	Libre	Libre
14-15	Libre		Libre	Tennis	Départ pour Saint-Tropez
15-16	Départ pour Londres		Libre	Libre	Visite à Brigitte
16-17				Percepteur	

(Mardi : LONDRES DOSSIER « BIG BEN AND SONS »)

Réponse de M. Chauveroy « J'ai un emploi du temps très chargé pour la semaine du 29 sept. au 3 octobre. Lundi je suis en province et je ne rentre à Paris que mardi matin.

Mardi après-midi je suis à votre disposition ainsi que le mercredi matin. L'après-midi j'ai des rendez-vous. Le 2 je peux me libérer de 11 heures à 14 heures.

Jeudi après-midi je repars en province pour quatre jours. »

Réponse de Mme Hautecourt « Cher ami, vous savez que je ne suis jamais libre avant 10 h du matin. Cette semaine-là je n'ai pas d'après-midi de libre, sauf le mercredi de 15 heures à 18 heures.

Lundi, mardi et mercredi j'ai un séminaire le matin. Je fais deux conférences, une, lundi et l'autre mardi. Mercredi j'écoute les autres. Je ne suis donc pas obligée d'être présente ce jour-là. Je peux me libérer jeudi et vendredi de 10 heures à 12 heures. »

Aidez Irène :

Quand est-ce que la réunion peut avoir lieu ? _____

À quelles conditions ? _____

59

> Transformez ce dialogue en récit.
> Utilisez pour chaque phrase le verbe
> indiqué entre parenthèses.

JEAN	— Vous avez déjà commandé ?	(demander si…)
HENRI	— Oui, aujourd'hui c'est moi qui paye à boire.	(proposer de…)
PIERRE	— Garçon ! une bière pour notre ami ! et fermez la fenêtre, il fait froid !	(commander, suggérer)
HENRI	— Qui me passe une cigarette ?	(demander)
PIERRE	— Prends-en une ! Où est mon briquet ?	(proposer, chercher)
JEAN	— Tiens ! Il était par terre !	(trouver)
HENRI	— Allez Jean, bois vite ta bière, on veut partir.	(dire que…)
JEAN	— Partez sans moi, je vous suis dans une minute.	(proposer, dire que…)

RÉCIT

Henri et Pierre sont au « Cambronne », un café en face de l'Université. Leur ami Jean arrive

en retard. Il prend une chaise et il leur demande _____

_____

_____

_____

_____

_____

Saisons et dictons

> Lisez les dictons suivants pour savoir quel temps il fait en France pendant les douze mois de l'année. Ces dictons sont souvent vrais.
>
> Dites pour chaque mois quel temps il fait chez vous et, si vous pouvez, écrivez-le sous la forme d'un dicton.

Il neige en janvier, fermez bien vos greniers.

En février pieds mal chaussés gèlent dans les souliers.

En mars chaque jour de soleil est une farce.

En avril ne te découvre pas d'un fil.

En mai tout renaît, fais donc ce qui te plaît.

En juin coupe l'herbe et rentre le foin.

En juillet le soleil est sûr et les cerises sont mûres.

Sous le soleil d'août, même le sage devient fou.

Septembre en année bonne est le mai de l'automne.

Vin nouveau d'octobre ne laisse personne sobre.

Novembre et Toussaint, c'est le froid qui revient.

28

Quelle est la logique de ce classement ?

Dijon - Canton - Toulouse - Détroit -Caen - Alexandrie - Pointe-à-Pitre - Anvers - Lille - São Paulo.
a) Ces villes sont des ports.
b) Alternance ville française-ville étrangère.
c) Toutes ont plus d'un million d'habitants.
d) Toutes sont en Europe.

Le client est roi

A. Huit tables, huit clients et huit manières différentes d'être client. Lisez ce qu'ils disent et numérotez les cases :

1. — Non, pas besoin de carte. Un steack-frites-salade dans cinq minutes, le café dans dix minutes et l'addition dans douze minutes, montre en main !

2. — Vous me mettez une bouillabaisse. Attendez, plutôt un coq au vin. Garçon, revenez ! Je crois que je vais prendre un steack-frites-salade !

3. — Mon ami, aujourd'hui je n'ai pas le temps de manger chez Bocuse[1]. Vous voudrez bien me servir un steack-frites-salade !

4. — Votre poisson, vous pouvez le garder ! Je n'ai pas envie d'être malade. Donnez-moi juste un steack-frites-salade. Il paraît qu'il n'est pas trop mauvais.

5. — Un steack-frites-salade, s'il vous plaît, le steack bien cuit, mais pas trop, bien poivré sur les côtés et, lavez bien la salade.

6. — Vous n'avez rien d'autre ? Seulement du steack ? Vous savez, quand on a faim...

7. — Garçon vous pouvez reprendre votre steack-frites, la viande n'est pas assez tendre et la salade n'est pas fraîche. Ne parlons pas des frites !

8. — Et mon steack-frites ? Il faut peut-être d'abord tuer la vache et déterrer les pommes de terre ? Tout le monde est servi avant moi !

1. Bocuse : un des grands restaurateurs français.

Lequel est... ?   hautain ☐   conciliant ☐   agressif ☐   impatient ☐   indécis ☐
difficile ☐   méprisant ☐   exigeant ☐

1. Avec le client exigeant, il est distrait :

_____

2. Avec le client difficile, il est gentil :

_____

3. Avec le client impatient, il est décontracté :

_____

4. Avec le client agressif, il est aimable :

_____

5. Avec le client hautain, il est familier :

_____

6. Avec le client conciliant, il est amical :

_____

7. Avec le client indécis, il est bienveillant :

_____

8. Avec le client méprisant, il est moqueur :

_____

9

Vin rouge ou vin blanc ?

1. un chablis **2.** un sauternes château-Yquem **3.** un médoc **4.** un juliénas **5.** un pommard   1. blanc 2. blanc 3. Rouge 4. Rouge 5. Rouge

---

0

Trouvez la spécialité de ces artistes français.

1.	Henri Cartier-Bresson	(b)	**a)** la sculpture
2.	Niki de Saint-Phalle	(a)	**b)** la photographie
3.	Régine Crespin	(e)	**c)** la poésie
4.	Pierre Boulez	(h)	**d)** la chanson
5.	Patrice Chéreau	(i)	**e)** l'opéra
6.	Max Gallo	(g)	**f)** la haute couture
7.	Eugène Guillevic	(c)	**g)** le roman
8.	Georges Mathieu	(j)	**h)** la musique
9.	Jean-Jacques Goldman	(d)	**i)** le théâtre
10.	Yves Saint-Laurent	(f)	**j)** la peinture

Recette pour gens pressés

ANDRÉ — Bonsoir ma belle. Quelqu'un vient ce soir ?

CLAIRE — Juste mes parents, l'oncle Alfred et tante Sophie.

ANDRÉ — On mange à la petite table ?

CLAIRE — Bien sûr. Tu as pensé aux foies de volailles ?

ANDRÉ — Tiens les voilà : 700 grammes, comme tu me l'as dit au téléphone.

CLAIRE — Et les raisins ?

ANDRÉ — Il y en a deux kilos.

CLAIRE — Un seul suffit. L'autre, on le garde pour le dessert… On a mis son petit tablier rose ? On veut aider sa petite femme ? Mmm ! Un petit bisou et on commence. Moi, j'épépine les grains de raisin. Pendant ce temps, toi tu fais fondre 50 g de beurre dans la poêle… Ça y est ? Alors tu fais dorer les foies à petit feu. Je n'ai pas fini avec les raisins. Comment ça a été au bureau aujourd'hui ?

ANDRÉ — Le chef était de mauvaise humeur, comme d'habitude. Je les retourne ?

CLAIRE — Bien sûr. Ils ne doivent pas accrocher. Tu as mis du sel et du poivre ?

ANDRÉ — Heureusement que tu penses à tout ! Je mets des épices ?

CLAIRE — Oui, le sachet jaune sur l'étagère. Il y a écrit « quatre épices » dessus. Juste une pointe de couteau.

ANDRÉ — Ça y est ! Ils sont bien dorés.

CLAIRE — Alors ajoute une pincée de sucre en poudre et quatre cuillerées à soupe de vinaigre de vin.

ANDRÉ — La bouteille de vinaigre est vide !

CLAIRE — Oh zut ! Va vite en demander à la voisine…

ANDRÉ — Voilà, elle est sympa ! Faut lui en acheter une autre, lundi.

CLAIRE — Quatre cuillerées à soupe ! Après tu laisses réduire. Moi, j'ai tout épépiné ! Passe-moi la fourchette. Je vais continuer. Regarde, j'ai mis un peu de gelée dans ce verre ! Tu le remplis de vin blanc. Je n'ai pas trouvé de boîte de 200 g de gelée au porto. Mais avec la gelée en poudre et le vin blanc ça va aussi !

ANDRÉ — Qu'est-ce qu'on fait avec les raisins ?

CLAIRE — Tu les mets dans une casserole avec 50 g de beurre et tu fais chauffer !

ANDRÉ — D'habitude tu mets de la crème fraîche, non ?

CLAIRE — Oui, une cuillerée et aussi un peu de poivre. Ça y est, mes foies sont parfaits ; et ta sauce aux raisins, tu as goûté ?…

ANDRÉ — Extra !

CLAIRE — Terminé. Tu disposes tout ça dans un plat chaud et tu enlèves ton tablier. Ils arrivent dans cinq minutes et je suis affreuse ! Je file vite à la salle de bain. Tu commences à mettre la table ?

1. Trouvez un titre pour ce texte.

2. Reliez chaque pronom démonstratif au(x) mot(s) qu'il remplace (voyez l'exemple).

3. Tous les personnages de ce texte changent de sexe. Transformez le texte de la ligne 8 à la ligne 17.

Mme Dubouchon a 45 ans pour ses amies, *56 pour les amies de* celles-ci *, et 51 sur sa carte d'identité.*

Elle ne vit que pour le théâtre. Une fois par mois et grâce à celui-ci, elle fait partie du « beau monde » ; une fois par mois elle fréquente les messieurs en habits de soirée et les dames en robe longue. Celles-ci ne viennent jamais dans son magasin et ceux-là ne la saluent pas dans la rue.

Trente jours par mois elle est seulement Mme Dubouchon, mais le premier dimanche de chaque mois, elle est assise près de Mme le Juge et derrière Mme le Député. Celle-ci est encore jeune et belle. Celle-là par contre achète une boîte de crème antirides tous les deux jours. Le mari de Mme le Juge préfère le cinéma quand elle va au théâtre et le théâtre quand celle-ci va au cinéma.

Quand elle était jeune, Mme Dubouchon rêvait d'être actrice. Aujourd'hui elle est bouchère place de Waterloo et quand elle va au théâtre, on dirait une véritable machine à applaudissements. Quand 100 personnes applaudissent avec elle, ce sont 200 personnes qui applaudissent. Dès que le rideau tombe, la machine se met en marche et personne ne peut arrêter celle-ci. Au bout de cinq minutes tout le monde la regarde, les acteurs et les spectateurs ; ceux-ci pensent qu'elle est folle et ceux-là sourient avec indulgence. Parfois elle applaudit trop vite, elle applaudit avant Mme le Député et celle-ci ne donne pas toujours le signal.

Tout le monde sait qu'une machine, ce n'est pas très intelligent. Celle-ci pas plus que les autres.

31

Qui est-ce ?

1. Il fut écrivain, surtout dramaturge, né dans le sud-ouest de la France, mort à la fin de la dernière guerre. Ses pièces ont trouvé en Louis Jouvet un metteur en scène et interprète remarquable. *Jean Giraudoux*

2. Ils étaient frères, ils s'appelaient Joseph et Étienne, ils dirigeaient d'importantes papeteries, mais c'est une invention célèbre qui les immortalisa à la fin du XVIIIe siècle. *Montgolfier*

3. Cet ouvrier mécanicien lyonnais a révolutionné à la fin du XVIIIe siècle l'industrie de la soie. *Joseph Marie Jacquard*

4. Ce préfet de la Seine a été immortalisé parce qu'il a imposé une boîte d'un type spécial pour la propreté des rues. *Eugène Poubelle*

5. Il fut écrivain et ambassadeur de France au Brésil et au Japon. Il a trouvé en J.-L. Barrault un metteur en scène et interprète de grand talent. *Paul Claudel*

L'amour du travail ou les travaux de l'amour ?

ENTRÊE DES BURF

	Jamais	Rarement	Parfois	Souvent	Toujours
1. Vous arrivez en retard à votre travail.					
2. Vous invitez vos collègues chez vous.					
3. En amour vous avez des coups de foudre.					
4. Vous parlez de votre travail à vos amis.					
5. Entre le cœur et la raison vous choisissez le cœur.					
6. Pour vous le temps c'est de l'argent.					
7. Vous travaillez pendant le week-end.					
8. Pour vous l'amour c'est un éternel problème.					
9. Vous lisez le journal pendant les heures de travail.					
10. Vous racontez votre vie amoureuse à vos collègues.					
11. Vous achetez des revues pour votre travail.					
12. Vous faites des heures supplémentaires gratuites.					
13. Vous vous disputez avec vos collègues.					
14. À cause d'un rendez-vous d'amour vous n'allez pas au travail.					
15. Vous acceptez les ordres de vos chefs avec le sourire.					

1. COMPTEZ VOS POINTS

	Jamais	Rarement	Parfois	Souvent	Toujours
1	A	B	C	D	E
2	E	D	C	B	A
3	A	B	C	D	E
4	E	D	C	B	A
5	A	B	C	D	E
6	A	B	C	D	E
7	E	D	C	B	A
8	E	D	C	B	A
9	A	B	C	D	E
10	A	B	C	D	E
11	E	D	C	B	A
12	E	D	C	B	A
13	A	B	C	D	E
14	E	D	C	B	A
15	A	B	C	D	E

Nombre de A :
B :
C :
D :
E :

A + B :
Total de **B + C + D :**
D + E :

2. RÉSULTATS :

Vous avez entre 10 et 15 A/B :

Surtout ne vous mariez pas. Si vous êtes marié(e), divorcez ! Votre travail vous passionne. Il n'y a pas de place pour l'amour dans votre vie. Nous vous souhaitons beaucoup de succès professionnels ! Pas de regrets ?

Vous avez entre 10 et 15 B/C/D :

Vous êtes assez équilibré(e). Vous aimez votre travail mais votre vie amoureuse compte aussi beaucoup. Cela prouve que vous êtes diplomate, que vous savez vous adapter aux circonstances.
Bon courage, l'équilibre est une chose difficile à conserver.

Vous avez entre 10 et 15 D/E :

Passion, Passion, Passion. Vous vous moquez de votre carrière. Seuls les beaux yeux comptent pour vous. Votre rêve : vivre d'amour et d'eau fraîche. Attention ! On peut aussi mourir d'amour surtout quand on n'a rien à manger.

Vous avez d'autres résultats :

Vous ne savez pas ce que vous voulez. Recommencez le test !

32

Quels sont les réalisateurs français des films suivants ?

1. *Le Dernier métro* _____ François Truffaut

2. *Les Enfants du paradis* _____ Marcel Carné

3. *Le Souffle au cœur* _____ Louis Malle

4. *Hiroshima mon amour* _____ Alain Resnais

5. *Un Homme et une Femme* _____ Claude Lelouche

la maison de marie claire

Mensuel. De la cave au grenier, les mille et un trucs de l'aménagement original.

Quotidien. Le journal de référence dans tous les domaines de l'information.

Les plus grandes signatures pour une exploration généreuse et originale de l'actualité. La passion et l'émotion pour parler de notre époque. Informer, c'est aussi dialoguer, bousculer et se battre.

le nouvel **Observateur**

Le Monde

L'AUTOMOBILE MAGAZINE

Mensuel. Toute l'information pratique, mécanique et juridique de l'automobiliste.

Bimensuel. Le panorama complet des idées, des livres et des arts. Entièrement rédigé par des écrivains et des spécialistes.

La Quinzaine littéraire

Marie France

Mensuel. Actualités et reportages, mode et beauté, maison et travaux. 25 ans d'expérience d'un journalisme pour les femmes.

MatcH

Hebdo. Les photos de l'événement. Les témoins d'aujourd'hui, les archives de demain.

QUE CHOISIR ?

Mensuel. Information et défense du consommateur. Cette offre est exclusivement réservée aux étudiants.

Hebdo. Les événements, les hommes, les entreprises qui font l'actualité économique et commerciale.

LE NOUVEL **ECONOMISTE**

Hebdo. Des photos prestigieuses, des couleurs qui suggèrent la mode sans l'imposer. Et l'actualité a travers ceux et celles qui la font et qui la vivent.

ELLE

Gault Millau

Mensuel. Le nouveau guide très averti de l'hôtellerie, de la restauration et du tourisme. Un nouveau manuel de savoir-vivre.

PILOTE & charlie NOUVEAU

Mensuel. Un seul magazine pour le meilleur de la B.D.

L'USINE NOUVELLE

Hebdo. La revue de l'industrie : hommes, produits, techniques, marchés, offres d'emplois.

Quotidien. L'actualité politique et sociale, mais aussi la vie culturelle, littéraire et artistique et les loisirs.

LE MATIN

SCIENCE S'AVENIR

Mensuel. Une information complète sur toute l'actualité scientifique, des articles de synthèse dans toutes les disciplines : sciences naturelles, environnement, sciences physiques, sciences humaines...

Hebdo. Cinéma, télévision, musique, radio, théâtre, livres. Des opinions pour provoquer la vôtre.

Télérama

GÉO

Mensuel. Le magazine du jamais vu. A la découverte d'un nouveau monde : la Terre.

TENNIS DE FRANCE

Mensuel. Les tournois et les as du tennis mondial. Tout pour pratiquer, tout pour progresser, avec les conseils des grands champions.

JEUX & STRATEGIE

Jeux de chiffres et jeux de lettres, jeux de cartes et jeux de tête : des vitamines ludiques pour cellules grises. Publié par SCIENCES & VIE.

LA **RECHERCHE**

Mensuel. La synthèse des nouvelles connaissances dans toutes les disciplines scientifiques, en France et dans le monde.

JaZZ magazine

Mensuel. Les étoiles, les galaxies, les mondes du jazz vivant.

ACTUEL

Mensuel. Le reportage vécu des turbulences de notre époque.

1. *Classez ces titres selon leur périodicité : Actuel - Marie France - La Quinzaine - Le Nouvel Économiste - Elle - Le Matin - Télérama - La Recherche - Que Choisir ? - Pilote - Libération - Sciences et Avenir.*

a) Quotidien _____

b) Hebdomadaire _____

c) Bimensuel _____

d) Mensuel _____

2. *Presse et Profession : reportez-vous à la page précédente.*

Profession	Lecture	Lecture	Profession
a) Industriel : _____		**e)** *La Revue du Praticien :* _____	
b) Musicien : _____		**f)** *Gault-Millau :* _____	
c) Chercheur en biologie : _____		**g)** *Actuel :* _____	
d) Critique littéraire : _____		**h)** *Le Nouvel Économiste :* _____	

3. *« Dis-moi ce que tu aimes et je te dirai ce que tu lis. »*

Goûts et passions	Lectures possibles
a) Il est fou de musique	_____
b) Elle veut la qualité au meilleur prix	_____
c) Il veut consulter les programmes de la télé	_____
d) Il joue au échecs et aux cartes	_____
e) Il rêve de grands voyages autour de la terre	_____
f) Elle veut connaître la dernière mode	_____
g) Elle adore les B.D.[1]	_____
h) Elle a 18 ans	_____
i) Il veut savoir toutes les semaines ce qui se passe en France et dans le monde	_____

Parmi les quotidiens suivants, quels sont ceux qui appartiennent à la presse nationale et ceux qui appartiennent à la presse régionale ?

1. *Ouest-France*   Régionale
2. *Le Figaro*
3. *Le Monde*
4. *La Voix du Nord*   Régionale
5. *Libération*

6. *Le Matin*
7. *L'Humanité*
8. *Le Progrès*   Régionale
9. *L'Est-Républicain*   Régionale
10. *Le Provençal*   Régionale

69

4. *Quelle revue française aimeriez-vous lire plus souvent ?*

Qu'est-ce qui vous intéresse dans cette revue ?

_____

5. *Faites une phrase avec des titres de revues françaises.*
Exemple : Marie France recherche l'automobile de l'usine.

6. *Retrouvez la revue ou le journal d'origine (Elle, Actuel, Le Matin, Pilote, Tennis, Le Nouvel Économiste, Sciences et Avenir, Jazz magazine, Géo, Jeux et Stratégies).*

1. B.D. : bandes dessinées.

Combien y-a-t-il d'espèces d'insectes connues dans le monde ?

On ne le sait pas exactement mais le chiffre hypothétique de 3 à 4 millions n'est sans doute pas exagéré. Rappelez-vous qu'à elles seules les libellules (plus exactement les Odonates) ne comptent pas moins de 7 000 espèces ! Depuis très longtemps, les « vedettes » ont attiré les yeux et la passion des hommes.

a. _____

b. _____

... ça fait huit mois que je n'ai pas mis les pieds au club de gym dont j'ai pourtant payé l'abonnement annuel 2000 balles, mon magnétoscope a flanché le soir où je voulais enregistrer « Dallas », ma mère m'a laissé quatre messages et je sens que ce n'était pas pour une bonne nouvelle, je n'aurais pas dû crier après une collègue qui va m'en vouloir jusqu'à la fin des temps (et le boss l'écoute, elle), je n'ai plus un collant noir non filé et je dois sortir dans une demi-heure, il fait gris, froid et moche, JE DEPRIME.

c. _____

Les hommes qui habitent la forêt tropicale depuis des millénaires — comme les Indiens, les Pygmées, les tribus aborigènes de Nouvelle-Guinée — ont appris à vivre avec elle sans la détruire, en respectant la sensibilité de son système productif. Tout ce qui nous paraît étrange leur est utile. De cette liane, ils boivent l'eau claire, délaissant sa voisine: des fourmis vénéneuses en ont fait leur territoire.

d. _____

Conseils : ne vous effrayez pas en pensant que vous allez jouer contre un gaucher. C'est un joueur comme les autres. Il suffit de bien l'observer, pendant les balles, pour connaître ses points faibles. Pensez à vous concentrer afin de faire un bon match et ne vous attardez pas sur ce qui peut vous « traumatiser » chez l'adversaire.

e. _____

Samantha McEwen est peintre et écossaise. Elle vit à New York mais elle a déjà exposé en France il y a deux ans. Elle, j'ai voulu l'avoir en photo d'abord parce que c'est une amie – elle faisait partie de notre bande à New York – et parce que j'aime assez sa peinture. J'ai voulu la mettre dans un paysage écossais, maisons hantées, fantômes, pour lui rappeler ses origines, entre un chien et un loup.car elle répesente souvent des animaux. La voilà qui marche sur un chemin, un peu mystique, tourmentée.

h. _____

LES MATIERES PREMIERES

Sucre: 1 200 à 1 213 francs par tonne à Paris (mars) ; 1 245 à 1 254 (mai). Hausse des cours. Pour approvisionner son marché intérieur menacé de pénurie, le Brésil projette de différer ses livraisons. La CEE envisage une diminution de ses subventions à l'exportation : **Café :** 1 420 à 1 429 francs le quintal à Paris (mars) ; 1 435 à 1 445 (mai). Stabilisation. Une réunion de l'OIC est prévue à Londres à partir du 23 février pour négocier une éventuelle réimposition des quotas d'exportation.

f. _____

Tom Harrell, trompettiste-révélation chez Horace Silver il y a une dizaine d'années, incarne bien l'émotion que prodigue la musique du quintette. Prostré, courbé, l'œil rivé au plancher, ne semblant rien entendre des applaudissements, il ne sort de sa torpeur que pour emboucher son instrument dans une position redressée (une sorte d'anti-Miles) telle que l'ont immortalisée les photographes.

g. _____

C'est très jeune que le petit Luc Guinard commença à s'intéresser aux combinaisons des dames; il disputa son premier tournoi à 15 ans. Il devenait champion de France à 23 ans, en 1981 et récidivait en 1983. Trois fois champion de Paris, il a terminé 5e aux derniers championnats du monde. Performance qui lui attribuait le titre de Maître International.

LE TEMPS AUJOURD'HUI

Du nord à l'est du Bassin parisien, aux Alpes et à l'Alsace, le ciel couvert et faiblement neigeux le matin gagnera dans la journée l'ensemble du Bassin parisien et le Massif central. Il fera beau sur la Bretagne et le matin sur la Basse-Normandie et la Vendée. Le mistral et la tramontane souffleront en s'atténuant.

Ailleurs, le ciel sera nuageux ou très nuageux avec de rares averses de neige faible ou de pluie sur la Côte d'Azur et la Corse. La température minimum sera partout négative dans l'intérieur, atteignant parfois — 4 °C à — 6 °C dans l'Est, elle remontera à 0 °C ou + 3 °C au bord de la Manche, de l'océan et de la Méditerranée. La température maximum ne sera que très faiblement positive dans l'intérieur.

Extrait de ELLE 1987/V. Quentin.   i. _____   j. _____

1. *Croisez les termes de chaque couple d'expressions.*

2. *Choisissez l'une des deux nouvelles expressions et inventez une définition.*

Exemple :

Un verre de lait → ***Un verre de course***
Un garçon de course → ***Un garçon de lait***

Définition : Un verre de course est un verre monté sur des roulettes. Il est utilisé aux États-Unis pour distribuer du Coca-Cola pendant les grandes réceptions.

1. Un livre de bibliothèque _____

Un chien de garde _____

Définition : _____

2. Des lunettes de soleil _____

Des gants de boxe _____

Définition : _____

3. Un coup d'œil _____

Un courant d'air _____

Définition : _____

4. Une femme de ménage _____

Une crème de nuit _____

Définition : _____

5. _____

_____

Définition : _____

Un ou une ?

1. **Un** obélisque 2. **Un** armistice 3. **Une** entrecôte 4. **Un** astérisque 5. **Une** rime

Les mille et une façons de donner un ordre

Choisissez dans la liste ci-contre l'expression que vous jugez convenable dans les situations suivantes. Lieu unique : le bureau d'un directeur de banque.

1. — La porte !
2. — La porte s'il te plaît !
3. — Ferme la porte !
4. — Vous ne voulez pas fermer la porte ?
5. — Ferme la porte s'il te plaît !
6. — Il faut fermer la porte !
7. — On ferme la porte !
8. — La porte est fermée ?
9. — Il n'y a pas de porte chez vous ?
10. — Une porte ne se ferme pas toute seule.
11. — Tu fermes la porte ?
12. — Tu ne fermes pas la porte ?
13. — Je dois fermer la porte moi-même ?
14. — J'aimerais que la porte soit fermée.
15. — Je veux que tu fermes la porte !
16. — Si tu fermais la porte ?
17. — Je te demande de fermer la porte !
18. — N'oublie pas de fermer la porte !
19. — Pense à fermer la porte.
20. — Je te dis de fermer la porte !
21. — Je t'ordonne de fermer la porte !
22. — Tu ne vas pas fermer la porte ?
23. — Ayez l'obligeance de fermer la porte.
24. — Ayez la gentillesse de fermer la porte.
25. — C'est moi qui dois fermer la porte ?
26. — Vous voulez bien fermer la porte ?
27. — Il n'y a pas moyen de fermer la porte ?
28. — Une porte, ça se ferme !
29. — Et cette porte ?
30. — Pourquoi la porte est-elle ouverte ?
31. — Je peux te demander de fermer la porte ?
32. — On ne vous a pas appris à fermer les portes ?

Il s'adresse à :

a) Un ami qui lui fait une visite.
_____

b) Mme de Hautecourt, une riche cliente.
_____

c) Son frère qui lui demande de l'argent.
_____

d) Son fils.
_____

e) Une jeune et jolie caissière.
_____

f) Un portier.
_____

g) Son chef comptable.
_____

h) La secrétaire de direction.
_____

i) Un gros industriel.
_____

j) Sa femme qu'il n'aime plus.
_____

k) Un vieil employé.
_____

l) Un vendeur de journaux.
_____

m) Un client qui a perdu tout son argent.
_____

Faites les opérations suivantes en écrivant le résultat en toutes lettres. Bon courage !

a)

dix
− trois

....

b)

vingt-cinq
− douze

....

c)

soixante-treize
− trente et un

....

d)

quatre-vingt-dix-neuf
− cinquante-huit

....

e)

quarante-six
+ quatre-vingt-huit

....

f)

deux cent cinquante et un
+ six cent quatre

....

g)

quatre mille trois cent quatre-vingt-sept
+ onze mille six cent soixante-treize

....

h)

deux cent vingt-huit mille neuf cent quatre-vingts
+ neuf cent soixante mille

....

i)

trois millions cent treize mille six cent soixante-quatre
− un million quarante-six mille sept cent quatre-vingt-treize

....

5

1. *Qui a écrit la pièce « Le jeu de l'amour et du hasard » ?* Marivaux
2. *Quelle est la date du serment du Jeu de Paume ? (jour - mois - année)* 20 6 1789
3. *De qui est le tableau « Le radeau de la méduse » ?* Théodore Gericault
4. *Quelle est l'actrice qui jouait le rôle de la petite fille dans le film « Jeux interdits » ?* Brigitte Fossey
5. *Qui a composé la musique de Pelléas et Mélisande ?* Claude Debussy

---

6

1. *De qui est le tableau « Guernica » ?* _____ Pablo Picasso
2. *De qui est la sculpture « Le baiser » ?* Auguste Rodin
3. *Qui a écrit « La peste » ?* _____ Albert Camus
4. *Qui a écrit la musique de l'opéra « Carmen » ?* _____ Georges Bizet
5. *Qu'ont inventé « les frères Lumière » ?* _____ Cinématographe

Complétez les bulles de cette bande dessinée.

Dans une agence de voyages

Pour passer le temps ils parlent de leurs vacances. Que disent-ils ?
Utilisez les mots qui sont au-dessus de chaque personnage :

LIEU :
FRÉQUENCE :

À	EN	AU	DANS LES	EN	SUR LA	LA
TROIS FOIS	TOUS LES ANS	SOUVENT	PARFOIS	TOUJOURS	NE.....JAMAIS	CHAQUE ÉTÉ

JE VAIS À LONDRES TROIS FOIS PAR AN

GRAND CONCOURS « COCORICO »
Un mois de rêve dans un Hôtel 5 étoiles
et 10 000 F d'argent de poche.

Vous avez gagné le 1er prix : vous êtes dans une ville de votre choix, quelque part dans le monde et vous écrivez !

Mon/Ma _____

Je passe des vacances merveilleuses à _____ une belle ville du _____

de _____ .

Tu sais que j'adore _____ et _____ .

Le matin je vais souvent _____ . Parfois je _____

_____ en _____ .

Ici tout le monde _____ l'après-midi.

Je _____ soirs par semaine,

_____ ne m'intéresse pas.

Les gens d'ici sont très _____ et peu _____ .

Avec les 10 000 F du prix je veux m'acheter _____ .

Pour toi, je pense à _____ .

Je ne t'oublie pas. Je _____ .

Ton/Ta _____

Au voleur !

TRIFOUILLIS-LES-OIES ÉTAIT UN PETIT VILLAGE BIEN TRANQUILLE ...

QUAND UN MATIN...

MON COQ ! MON COQ ! OÙ EST MON COQ ! ON ME L'A VOLÉ !

MA PERRUQUE ! J'AI PERDU MA PERRUQUE !

HÉ, HÉ, MONSIEUR JEAN ON .... PEUT-ÊTRE VOLÉE !

AU COMMISSARIAT

CHEF ! VOTRE KÉPI N'EST PLUS À SA PLACE, QUELQU'UN ......
....
....

GLOUPS !

LE COMTE SE PROMÈNE DANS SON PARC

OÙ EST NOTRE STATUE ?
....
....
....

LE LENDEMAIN MATIN, ON DÉCOUVRE UN ÉTRANGE OBJET SUR LA PLACE...

11

LA SURPRISE EST GÉNÉRALE...

12

13

Personnages célèbres en France

JE VOUS AI COMPRIS.

CHARLES DE GAULLE

Voici des personnages célèbres. Classez-les par catégories.
(Il y a 4 personnages dans chaque catégorie.)

1. DES HOMMES

AZNAVOUR — FRANÇOIS Ier — BERLIOZ — SARTRE — PROST — PROUST — DELON — GODARD — BRASSENS — DEPARDIEU — TOULOUSE-LAUTREC — DE GAULLE — RENOIR — PLATINI — LOUIS XIV — TRUFFAUT — MITTERRAND — DEBUSSY — BOURVIL — THIERS — TABARLY — CHARLES IX — POINCARÉ — LAVILLIERS — CARNÉ — DELACROIX — FERNANDEL — LULLI — HENRY IV — VOLTAIRE — CAMUS — CERDAN — RAVEL — RENOIR — MANET — BÉCAUD.

a) Les écrivains : _____

b) Les peintres : _____

c) Les acteurs : _____

d) Les rois _____

e) Les présidents : _____

f) Les musiciens : _____

g) Les chanteurs : _____

h) Les sportifs : _____

i) Les cinéastes : _____

Quelques villes françaises et leurs industries.

1. Toulouse (e)   **a)** chimie minérale (gaz)
2. Lacq (a)   **b)** industrie automobile
3. Marcoule (d)   **c)** industrie textile
4. Sochaux (b)   **d)** centrale nucléaire
5. Lyon (c)   **e)** industrie aéronautique

EDITH PIAF

2. DES FEMMES

MARIE CURIE — SIMONE SIGNORET — COCO CHANEL — JEANNE D'ARC —
ÉDITH PIAF — ISABELLE ADJANI — MARGUERITE DURAS — SIMONE VEIL.

Classez par catégories ces personnages célèbres :

a) Personnage historique _____

b) Chanteuse _____

c) Écrivain _____

d) Scientifique _____

e) Styliste de mode _____

f) Ministre _____

g) Actrices _____

Dites pour chacun des personnages suivants dans quel domaine il est célèbre :

h) MARIE DE MÉDICIS _____

i) COLETTE _____

j) GEORGE SAND _____

k) SARAH BERNHARDT _____

l) FRANÇOISE GIROUD _____

m) SYLVIE VARTAN _____

n) FRANÇOISE SAGAN _____

o) DIANE DE POITIERS _____

38

Ces sportifs français ont reçu des médailles d'or à des Jeux Olympiques. Dans quelles disciplines ?

1. Pierre Jonquères d'Oriola
2. Guy Drut   (d)
3. Alain Mimoun   (b)
4. Daniel Morelon
5. Marielle Goitschel

a) cyclisme sur piste (1968)
b) marathon (1956)
c) ski slalom spécial (1968)
d) 110 mètres haies (1976)
e) équitation saut d'obstacles (1964)

Voici un texte sans ponctuation :

L'EXTRA TERRESTRE ARRIVE DANS LE JARDIN UN PISTOLET À LA MAIN LA TÊTE HAUTE JE L'ATTENDS DEBOUT DERRIÈRE LA PORTE MON MARI SE CACHE EN TREMBLANT DE PEUR L'ÉTRANGER PHOS-PHORESCENT POUSSE LA PORTE SANS CRAINTE JE M'AVANCE UN TIR UN CRI ET TOUT EST FINI

Qui est dans le jardin ? Qui est armé ? Qui est derrière la porte ? Qui a peur ? Qui n'a pas peur ? Qui tire et qui crie ?

Pour répondre à ces questions il faut obligatoirement ponctuer le texte.

Recopiez le texte en adaptant la ponctuation aux situations suivantes :

1. **Première version :** L'extra-terrestre est armé et fier. L'héroïne attend derrière la porte. Le mari a peur. L'étranger, non.

_____

_____

_____

2. **Deuxième version :** L'héroïne est dans le jardin. Le mari est derrière la porte. L'étranger a peur.

_____

_____

_____

3. **Troisième version :** L'extra-terrestre est armé. L'héroïne est fière et reste debout. Le mari est derrière la porte et a peur. L'héroïne n'a pas peur.

_____

_____

_____

Comment appelle-t-on ?

1. La répétition de la consonne s dans ce vers de Racine ?
   « Pour qui sont ces serpents qui sifflent sur vos têtes ? »   *L'allitération*
2. La répétition du son i dans cet autre vers de Racine ?
   « Tout m'afflige et me nuit, et conspire à me nuire. »   *L'assonance*
3. La rencontre de deux voyelles en fin et début de mot ?
   « ... Le coche arrive au haut » (La Fontaine).
   « ... Ah ! Folle que tu es » (Musset).   *Un hiatus*
4. Les rimes disposées de cette façon ?
   « Déja plus d'une feuille sèche
   Parsèment les gazons jaunis ;
   Soir et matin la brise est fraîche,
   Hélas ! les beaux jours sont finis ! » (Théophile Gautier).   *Rime croisée*
5. Le vers suivant ?
   « Mon père, ce héros au sourire si doux... » (Victor Hugo).   *Un Alexandrin*

Salade de définitions

Dans le dictionnaire les mots ont souvent plusieurs sens. Amusons-nous à mélanger les définitions. Attention cet exercice vous montre les limites du dictionnaire et l'importance du contexte.

Exemples :

Une baguette :
a) *Pain long et mince d'environ 250 g* - b) *Bâton magique des fées* - c) *Pain magique des fées.*

1. Un chou :
   a) Légume comestible.
   b) Mot de tendresse.

   c) _____

2. Une flûte :
   a) Instrument de musique percé de plusieurs trous.
   b) Verre long pour boire le champagne.

   c) _____

3. Une générale :
   a) Femme du général.
   b) Sonnerie de trompette pour rassembler les soldats.

   c) _____

4. Une glace :
   a) Dessert fait avec une crème gelée.
   b) Miroir où l'on se regarde.

   c) _____

5. Un oignon :
   a) Légume que l'on utilise en cuisine.
   b) Grosse montre que l'on met dans sa poche.

   c) _____

6. Une perche :
   a) Personne très grande et très maigre.
   b) Poisson d'eau douce à deux nageoires dorsales.

   c) _____

7. Un blaireau :
   a) Animal gris et noir qui sent mauvais.
   b) Brosse pour se savonner la barbe.

   c) _____

Vous pouvez de votre côté chercher des définitions sur le même modèle.

8. Un cœur :
   a) _____

   b) _____

   c) _____

40

Avez-vous le coup d'œil ?

Quelle est, au centimètre près, la longueur du ruban qui délimite la France ?

MÉMENTO

Les adjectifs possessifs

Ils s'accordent en genre et en nombre avec le nom qu'ils accompagnent.

	Personne	Singulier		Pluriel
		Masculin	**Féminin**	**Masculin ou Féminin**
Le nom désigne un seul objet	1re 2e 3^e	mon ton son	ma ta sa	mes tes ses
Le nom désigne plusieurs objets	1re 2e 3^e	notre votre leur		nos vos leurs

Attention : devant les noms féminins commençant par une **voyelle** ou un **h muet**, on emploie **mon, ton, son,** au lieu de **ma, ta, sa.**
→ *mon amie, son habitation.*

Les pronoms possessifs

Ils s'accordent en genre et en nombre avec le nom qu'ils accompagnent.
*C'est ma voiture / c'est **la mienne.***
*Ce sont mes livres / ce sont **les miens.***

	Personne	Singulier		Pluriel	
		Masculin	**Féminin**	**Masculin**	**Féminin**
Rapport avec une seule personne	1re 2e 3^e	le mien le tien le sien	la mienne la tienne la sienne	les miens les tiens les siens	les miennes les tiennes les siennes
Rapport avec plusieurs personnes	1re 2e 3^e	le nôtre le vôtre le leur	la nôtre la vôtre la leur	les nôtres les vôtres les leurs	

Les pronoms démonstratifs

	Formes variables		Formes invariables
	Masculin	**Féminin**	
Singulier	celui celui-ci celui-là	celle celle-ci celle-là	ce ceci cela (ça)
Pluriel	ceux ceux-ci ceux-là	celles celles-ci celles-là	

Ces pronoms représentent des noms déjà employés ou des objets (ou personnes) que l'on désigne :

> *Quel bus prends-tu ? Je prends celui-là.*

Employés ensemble, **celui-ci/celui-là, celle-ci/celle-là...,** permettent de distinguer ou opposer deux objets (ou personnes) :

> *Celle-ci est encore jeune, celle-là utilise une crème anti-rides.*

Celui, celle, ceux, celles ne s'emploient jamais seuls.
+ préposition **de** (ou **du, de l', de la, des**)
+ *nom*
> *Tu as vu les lunettes ?*
> *Lesquelles ? Celles du facteur.*

+ *pronom relatif + verbe*
> *Tu as vu la statue ?*
> *Laquelle ? Celle qui était dans le parc.*

Double pronominalisation

Sujet	Complément 1	Complément 2	
je nous	te, vous	l'	
tu vous	me, nous	le	*je te la donne* *je te l'ai donnée*
il/elle ils/elles	me, nous te, vous	la les	
je nous tu vous il(s)/elle(s)	le la les	lui leur	*je la lui donne* *Je la lui ai donnée*

Complément du nom introduit par **de**

Appartenance : le complément est introduit par **du, de l', de la,** ou **des ;** les noms de personnes sont généralement introduits par **de, d'.**

> *C'est la voiture des voisins*
> *c'est la fille de Pierre.*

Caractérisation : le complément est introduit par **de** ou **d' :**

> *Une barre de fer / une lettre d'amour.*

La négation avec **pas**

ne... pas
Avec les verbes aux temps simples :
> Il **ne** sait **pas.**

Avec les verbes aux temps composés :
> Il **n'**a **pas** su.

Avec un verbe à l'infinitif présent :
> Il pense **ne pas** savoir.

Remarques :
Certaines formes... s'emploient pour exprimer...

Pas aujourd'hui	→	un autre jour
Pas une seule fois	→	jamais
Pas toujours	→	de façon irrégulière
Toujours pas	→	*pas encore* (je n'ai pas fait cela mais je pense le faire)

HABITER — ALLER	OÙ ? NOMS PROPRES	HABITER
à	Villes : Paris, Beyrouth, Athènes Quartiers : Saint-Germain, Brooklyn, Ipanema Villages : Oradour-sur-Glane, Hoerdt, Bauru Îles petites ou sans article : Itacuruça, Chypre	
au	Villes, quartiers avec article masculin : Caire, Centre, Mans, Quartier Latin, Pirée Pays masculins : Pérou, Brésil	le
à la, aux	Îles petites avec article : Réunion, Seychelles	la, les
en	Continents : Asie, Amérique du Sud, Europe Pays féminins : Italie, Égypte, Argentine Pays masculins à voyelle initiale : Iran, Uruguay Provinces (féminin) : Provence, Alsace, Amazonie (état) Grandes îles : Crète, Corse, Guadeloupe	l', la
dans la dans le dans les	Provinces états Fédérés (masculins) : Périgord, Dauphiné, Ceará Arrondissements : 16e Départements : Pas-de-Calais, Seine Archipels : Antilles, Maldives Chaînes de montagnes : Jura, Alpes, Serra do Mar	
sur le, la	Montagne, colline : Mont-Blanc, Mont-Pelé, Himalaya, Pain de Sucre	le, la

HABITER — ALLER	OÙ ? NOMS COMMUNS
au, à l', l' dans le	Nord, Sud, Est, Ouest (de…)
à	× (chiffre) m/km (de…), la campagne
—	rue…, place…, avenue…, boulevard…, impasse…, chemin…, passage…, route…

HABITER	OÙ ? NOMS COMMUNS
à la	mer, montagne, campagne
la	campagne, ville
dans la	ville (par opposition à l'extérieur)
le, l'	Nord, Sud, Est, Ouest (de…)

85

0 — zéro	23 — vingt-trois	99 — quatre-vingt-dix-neuf
1 — un	30 — trente	100 — cent
2 — deux	31 — trente et un	101 — cent un
3 — trois	32 — trente-deux	102 — cent deux
4 — quatre	40 — quarante	200 — deux cents
5 — cinq	41 — quarante et un	201 — deux cent un
6 — six	42 — quarante-deux	300 — trois cents
7 — sept	50 — cinquante	301 — trois cent un
8 — huit	51 — cinquante et un	1 000 — mille
9 — neuf	52 — cinquante-deux	2 000 — deux mille
10 — dix	60 — soixante	3 000 — trois mille
11 — onze	61 — soixante et un	1 000 000 — un million
12 — douze	62 — soixante-deux	2 000 000 — deux millions
13 — treize	70 — soixante-dix	1 000 000 000 — un milliard
14 — quatorze	71 — soixante et onze	2 000 000 000 — deux milliards
15 — quinze	72 — soixante-douze	
16 — seize	79 — soixante-dix-neuf	
17 — dix-sept	80 — quatre-vingts	
18 — dix-huit	81 — quatre-vingt-un	*Attention :*
19 — dix-neuf	82 — quatre-vingt-deux	Quatre-vingts *mais* quatre-vingt-deux
20 — vingt	90 — quatre-vingt-dix	Quatre cents *mais* quatre cent douze
21 — vingt et un	91 — quatre-vingt-onze	
22 — vingt-deux	92 — quatre-vingt-douze	

Le féminin des adjectifs et des noms

Les adjectifs

On distingue :

1. Les adjectifs qui gardent la même orthographe et la même prononciation au masculin et au féminin :

   un sac rouge, une robe rouge.

2. Les adjectifs qui prennent un **e** au féminin, mais la prononciation ne change pas :

   un mur clair, une chambre claire.

Remarque : certains adjectifs prennent un **e** et doublent la consonne finale du masculin :

   net → ne**tte**, naturel → nature**lle**

Cas particuliers : adjectifs terminés au masculin par **c**

   grec → grec**que**, *public* → *publique*.

3. Les adjectifs qui changent d'orthographe et de prononciation au féminin :

   fran**ç**ais → *française*, *petit* → *petite*

Remarque : certains adjectifs prennent un **e** et doublent la consonne finale du masculin :

   bon → bonne, parisien → parisienne.

Autres cas :

   amoureux → amoureuse, beau → belle, jaloux → jalouse, blanc → blanche...

Les noms

Comme les adjectifs, beaucoup de noms terminés au masculin par **e** gardent la même orthographe au féminin :

   un ou *une artiste, journaliste, propriétaire, élève, libraire...*

Cas particulier : féminin en **-esse** :

   docteur → docteresse, prince → princesse, maître → maîtresse.

Noms au masculin terminés par **-eur** → féminin : **-trice**

   directeur → directrice, instituteur → institutrice...

Noms au masculin terminés par **-eur** → féminin : **-euse**

   Menteur → menteuse, chanteur → chanteuse...

Style indirect (présent)

Vous êtes française ? → Il lui **demande si** elle est française.

Il fait chaud. → Il **dit qu**'il fait chaud.

Si on allait au cinéma ? → Il **propose d**'aller au cinéma.

Pierre, qu'est-ce que tu fais ? → Elle lui **demande ce qu**'il fait...

Est-ce qu'elle est arrivée ? → Il **demande si** elle est arrivée.

Une bière ? → Il **propose** une bière.

L'interrogation

L'interrogation directe : constructions

L'interrogation peut s'exprimer :

— avec **est-ce que**	→	*Est-ce que tu viens ?*
— par **l'intonation**	→	*Tu viens ?*
— par la **place du sujet**	→	*Viens-tu ?*
— avec les **mots interrogatifs**	→	*Quand est-ce qu'il arrive ?*
		Il arrive quand ?
		Quand arrive-t-il ?
		Pourquoi est-ce que tu pleures ?
		Pourquoi tu pleures ?
		Pourquoi pleures-tu ?

Autres mots interrogatifs : Qui *(Qui est-ce ?)*, Que *(Que dit-il ?)*, Lequel, laquelle... *(lequel préfères-tu ?)* ; Combien *(Il a combien d'enfants ?)* Comment *(Comment est-elle venue ?)* Où *(Où est-ce que vous allez ?)*...

Pour demander un renseignement...

Pardon !
Pardon Monsieur/Madame/Mademoiselle !
S'il vous plaît !
Excusez-moi !
   Où se trouve...
   Je cherche...
   Il y a... près d'ici ?

Pourriez-vous me dire ?
Pourriez-vous m'indiquer ?
Comment faire pour... ?
Quelle est la direction pour... ?

L'impératif

être : sois   **avoir :** aies
       soyons   ayons
       soyez   ayez

Verbes du 1er groupe :
tu chantes (présent) →   *chante* (impératif)
                          chantons
                          chantez

Verbes du 2e groupe :
tu finis (présent) →   *finis* (impératif)
                          finissons
                          finissez

Verbes du 3e groupe :
tu viens (présent) →   *viens* (impératif)
                          venons
                          venez

Attention aux verbes pronominaux :
se réveiller → *tu te réveilles* (présent) → réveille-*toi* (impératif)
                                        réveillons-*nous*
                                          réveillez-*vous*

Le pronom **on**

Pronom de la 3e personne, s'emploie comme sujet (uniquement) et le verbe est au singulier
on = n'importe qui, tout le monde, les gens
   *Quand **on** prend le train, **on** compose son billet.*
   *Si l'**on** téléphone, dites que je serai là demain.*

On = je
   On fait ce qu'on peut !
On = tu, vous
   Alors, on n'est pas content !
On = nous (emploi fréquent dans la langue familière)
   Qu'est-ce qu'on fait ?

CORRIGÉ

Page 5

Questions possibles : **1.** Vous n'avez pas vu Mistigri ? — **2.** Qu'est-ce qu'il fait ? — **3.** Il est là ? — **4.** Vous habitez où ? — **5.** Il est brun ? — **6.** Comment vous appelez-vous ? — **7.** Vous êtes marié ? — **8.** Une cigarette ? — **9.** Tu arrives à quelle heure ? — **10.** Comment va votre mère ? — **11.** Il habite ici ? — **12.** Vous parlez japonais ? — **13.** Elle va à la plage ? — **14.** Vous faites du sport ? — **15.** Comment tu la trouves ? — **16.** Elles sont petites ?

Page 6

5. chef cuisinier — **7.** oncle [cousin] — **10.** beau-frère — **11.** Pommerol — **12.** Brudi — **14.** Brudi — **15.** Voyante.

13-12-7-5-1-3-10-2-9-8-6
14-15-11-4

Page 7

A) **22.** Île-de-France.
B) **1.** Breton — **2.** Bourguignon — **3.** Alsaciens — **4.** Normands — **5.** Corse — **6.** Poitevine — **7.** Auvergnates — **8.** Franc-comtoises.

Page 10

Réponses possibles : **1.** Fred Belmond est enseignant. Il a 40 ans. Il cherche une femme jolie, jeune, pour passer les vacances d'été avec elle. Il veut voyager d'île en île en Méditerranée. Il lui garantit humour et bonheur. — **2.** Roger est un jeune homme sérieux, ayant une bonne présentation. Il a un permis V.L. et il cherche un emploi. Il est prêt à étudier toutes propositions. — **3.** Virginia a 17 ans. Ayant un B.E.P. « emploi services sociaux » et un C.A.P. de vendeuse, elle recherche un emploi stable en région parisienne. — **4.** Antoine Bondayes a 36 ans, il est divorcé. C'est une personne équilibrée et qui a de l'humour. Il est intelligent, riche, beau, et moderne. Il cherche une compagne blonde.

Page 11

Nouvelle histoire : Mon voisin a un chien blanc et frisé. Tous les matins il appelle Whisky, son petit chien. Il lui met un panier sur le bout du nez et de l'argent dans le panier. Whisky ne parle pas le français, mais il est très poli et très intelligent. Le panier sur le nez, il va au supermarché pour chercher du pain et du lait. Le vendeur aime bien Whisky. Il est gentil avec le petit chien. Quand Whisky a tout dans son panier, il retourne boulevard du Théâtre.

Page 12

a4, b6, c5, d12, e2, f3, g10, h8, i11, j9, k7, l1.

Page 13

1d, 2i, 3h, 4f, 5b, 6a, 7c, 8e, 9k, 10j, 11l, 12g.

Page 14

a) Bavelles-Cortier Évelyne, 68 ans, actrice. — **b)** Cortier Marc, 80 ans, acteur. — **c)** Bavelot Pierre, 42 ans, chirurgien. — **e)** Bavelot Isabelle, 42 ans, dentiste. — **d)** Cortier Alexandre, 43 ans, musicien. — **f)** Bavelot Sophie, 22 ans, étudiante. — **g)** Bavelot Géraldine, 24 ans, professeur. — **h)** Bavelot Éric, 14 ans, lycéen.

Page 16

Réponses possibles : **1.** Je veux aller au restaurant. — **2.** Je bois du whisky. — **3.** Je ne fume pas. — **4.** Je vais au cinéma. — **5.** Ils sont laids. — **6.** Je n'aime pas les sports. — **7.** Je parle le français. — **8.** J'ai les cheveux longs. — **9.** Je ne dis rien. — **10.** Elles sont riches. — **11.** Ils adorent les jeans. — **12.** J'ai horreur de la moto. — **13.** J'aime les roux aux yeux verts. — **14.** Elle veut un chien. — **15.** Je connais Pierre. — **16.** J'habite à Paris. — **17.** Je vais à la plage. — **18.** Ils sont épuisés.

Page 17

— Vous êtes étranger ?
— Oui, je suis espagnol.
— Quel âge avez-vous ?
— 25 ans.
— Vous habitez à Paris ?
— Oui, dans le Quartier Latin.
— Où est-ce que vous allez ?
— Je vais en cours.
— Où est-ce que vous travaillez ?
— A l'École des Mines.

Page 18

1. Il fait du vélo. — **2.** Nous faisons de la course à pied. — **3.** Elle fait du tennis. — **4.** Ils font de la natation. — **5.** Tu fais de l'escrime. — **6.** Il fait du surf. — **7.** Vous faites du football. — **8.** Il fait du tir à l'arc. — **9.** Nous faisons de la gymnastique. — **10.** Il fait de la boxe. — **11.** Ils font du basket. — **12.** Tu fais de l'équitation. — **13.** Elles font du volley-ball. — **14.** Vous faites du judo. — **15.** Elle fait du ski. — **16.** Il fait de l'haltérophilie. — **17.** Nous faisons du kayak. **18.** Tu fais du tir.

Page 19

1. Dupont ?
Henri ?
73 ans — 15 ans
commerçant lycéenne
marié, 4 enfants célibataire

Page 21

Réponses possibles : **2.** Cigales et fourmis. — Les dépenses des Français. — Ce qu'ils préfèrent. — un puissant concurrent. — Calories en trop.
3. Restau-rapide, repas express / vite nourri, mangeur rapide.
5. André : mangue, Laurent : melon, Sébastien : melon.
1. Les escargots. — **2.** Le foie gras aux truffes. — **3.** Les tripes. — **4.** La moutarde. — **5.** Le nougat. — **6.** Le cassoulet. — **7.** La choucroute. — **8.** La bouillabaisse.

Page 22

Réponses possibles : **1.** Elles sont en banlieue parisienne. — **2.** Je suis à New York. — **3.** Vous êtes en Afrique. — **4.** Nous sommes à la campagne. — **5.** Nous sommes en Égypte. — **6.** Je suis au Maroc. — **7.** Ils sont dans le Nord de la France. — **8.** Elles sont rue du Bac. — **9.** Nous sommes à la montagne. — **10.** Il est dans une usine. — **11.** Tu es au bord de mer.

Page 23

1. Dis maman, on va à la piscine ? Pas aujourd'hui, on ira demain. — **2.** Tu as volé du chocolat ? Non, c'est pas moi, c'est lui. — **3.** Tu aimes ces chemises ? Oui, mais pas la verte, je préfère la rouge. — **4.** Tu as vu la nouvelle prof ? Oui, elle est pas mal, elle a l'air sympa. — **5.** Alors, docteur ? c'est grave ? Ce n'est pas grand chose, dans une semaine c'est fini. — **6.** Je peux ouvrir le paquet ? Ce n'est pas pour toi ! c'est pour elle. — **7.** Tu es souvent allé à Paris ? Pas une seule fois, mais j'aimerais y aller. — **8.** Mon chéri ! Tu as vu la belle robe ? Je n'ai pas d'argent pour ça, je dois payer mes impôts. — **9.** Tu regardes tous les matchs à la télé ? Moi ? pas toujours, seulement quand il y a les meilleures équipes. — **10.** Tu es retourné chez elle ? Moi ? Toujours pas, j'irai pendant les vacances.

Page 24

Réponses possibles : **1.** M. le curé lui commande de ne plus voler, de ne plus… — **2.** Le docteur lui dit de tirer la langue. — **3.** Le gardien ordonne de jeter les papiers dans la poubelle. — **4.** Le chirurgien demande des ciseaux à l'infirmière. — **5.** Il lui interdit d'acheter des gâteaux. — **6.** Le garçon propose un dessert, le client commande un café. — **7.** Le dresseur ordonne de sauter. — **8.** Son père lui dit de se réveiller.

Page 25

1. vendeur, épicière. — **2.** employé, fermière. — **3.** artiste, journaliste. — **4.** docteur, pharmacienne. — **5.** dentiste, commerçante. — **6.** libraire, institutrice. — **7.** M. le maire, professeur. — **8.** juge, Mme le général. — **9.** directeur, Mme le ministre. — **10.** cuisinier, banquière. — **11.** mannequin, danseuse. — **12.** acteur, Mme le policier. — **13.** obstétricien, présentatrice. — **14.** gardien. — **15.** steward, peintre.

Page 26

Un homme aux cheveux blancs se lève. Il dit à voix haute avec un joli geste de la main : « La place est libre, madame. » Les jeunes gens tous

90

assis, regardent leurs pieds. L'homme aux cheveux blancs sourit. Et puis un jeune se dresse, tout rouge. Il fait un signe à une vieille dame. Un deuxième se lève et un troisième... En une minute toutes les dames sont assises. Les jeunes, dans l'allée centrale sont tous debout et contents.

Page 27

Réponses possibles : **a)** préfère. — **b)** est. — **c)** vote, croit. — **d)** lit. — **e)** gagner, joue. — **f)** est marié, veulent. — **g)** intéresse. — **h)** a, se lève. — **i)** enseigne. — **j)** joue, fait. — **k)** vote. — **l)** est abonné. — **m)** est, étudie. — **n)** est, se bat. — **o)** croit, est. — **p)** est né, est. — **q)** joue. — **r)** lit, adore. — **s)** habite, a.
Portrait n° 1 : a, e, g, j, m, p, r.
Portrait n° 2 : c, f, i, l, o.
Portrait n° 3 : b, d, h, k, n, q, s.

Page 28

Réponses possibles : Ta maison est superbe... Tes enfants sont adorables... Et ton travail ?... Ma nouvelle voiture ne consomme pas beaucoup d'essence... Mon patron est trop exigeant mais mes collègues de travail sont très sympa... Je vais te parler de ma dernière conquête... Votre repas était excellent... Votre intérieur est si agréable... Vos yeux et vos cheveux sont aussi superbes... Notre ami Antoine a des enfants terribles... Il n'a pas honte de sa vieille voiture !... Sa femme est vraiment autoritaire... Tu les imagines dans leur appartement trop petit.

Page 29

Vrai : 1 - 4 - 5 - 7 - 9 - 10 - 11 - 12 - 15.
Faux : 2 - 3 - 6 - 8 - 13 - 14 - 16.

Page 30

n° 1 Antoine, footballeur, chien. — **n° 2** Mécanicien, perroquet, Pierre. — **n° 3** Chat, Géraldine, professeur de chant. — **n° 4** Singe, dactylo, Barbara.

Page 31

Réponses possibles : **1.** Il aimerait qu'on lui porte ses bagages / Il demande si on peut lui porter ses bagages. — **2.** Elle veut aller au cinéma / Elle lui demande s'il veut sortir (quitter son fauteuil). — **3.** Elle lui demande du feu / Il lui offre son briquet. — **4.** Le paysan souhaite qu'il pleuve / Il demande un peu de pluie au bon Dieu. — **5.** L'animateur aimerait que les téléspectateurs regardent l'émission / Il nous propose de regarder l'émission.

Page 34

L'auteur, tout le monde, les habitants du 16ᵉ, le docteur et Marie, les gens, Marie, le nez, Marie, le docteur, une personne, les gens, le docteur, le docteur, Marie, Marie, Marie, les lecteurs, les lecteurs du texte (vous).

Page 35

A. H, H, H, H, H, M, H, M, H, H, H. — **B.** *Transformations nécessaires :* Toute de noir vêtue elle... La femme en noir s'arrête. Elle demande au jeune homme... Elle se place... Elle remercie puis elle dit... mais cette fois avec votre femme... à côté de l'inconnue aux habits noirs. Elle est émue. La femme en noir reprend... Elle ne se retourne pas. Elle est heureuse.

Page 36

A. 1. les miens... — **2.** le mien... — **3.** la mienne... — **4.** le mien... — **5.** le mien/la mienne... — **6.** avec les miens... — **7.** le mien/la mienne...
B. 1. les tiens... — **2.** la tienne... — **3.** le vôtre... — **4.** le vôtre... — **5.** le vôtre... — **6.** les vôtres... — **7.** la tienne... — **8.** la vôtre... — **9.** le vôtre.

Page 37

A.c (aujourd'hui). **1.**a — **2.**b — **3.**d — **4.**e — **5.**f.
B. 1. français. — **2.** italien. — **3.** anglais, sud-américaine. — **4.** d'Allemagne fédérale. — **5.** égyptien. — **6.** français. — **7.** liberté, égalité, fraternité.

Page 38

Satisfaite	Négative	Agressive
Gourmande	Sentimentale	Horrifiée
Enragée	Joyeuse	Triste
Sensuelle	Grognon	Jalouse
Méfiante	Rêveuse	Gaie
Inquiète	Prudente	
Amoureuse	Surprise	
Penaude		

Page 39

Du lundi au samedi de 9 heures à 12 heures et les mardi, mercredi, vendredi de 14 heures à 18 heures (quand Jean n'est pas fatigué). — Une fois par mois, il ne travaille pas le vendredi après-midi ni le lundi. — Jean ne travaille pas en juillet ni la dernière semaine de février.

Pages 40-41-42

Conseils : cherchez donc un/une partenaire ! — Faites le premier pas. — Osez frapper à cette porte. — Ne soyez pas timide. — Ne soyez pas anxieux (anxieuse). — Tout se passera bien.
Lui : Que faites-vous là ? — Elle : Je suis venue... — Lui : ma lettre... — Elle ; oui, et... — Lui : Cela vous a donné l'idée de... — Elle : oui, moi non plus je ne supportais plus la solitude. — Lui :

vous n'en avez jamais parlé. — Elle : vous non plus. — Lui : nous passions des journées ensemble sans nous connaître ! — *Il téléphone :* Je viens t'annoncer la nouvelle : Je me marie le mois prochain… — *Elle rêve :* Enfin, je ne serai plus seule, j'existerai pour quelqu'un…

Louvre, Chambord, le Mont-Saint-Michel, la tour Eiffel. — **5.** Le Massif central, les Pyrénées, les Vosges, les Alpes. — **6.** Un bordeaux, un côte du Rhône, le champagne, un bourgogne. — **7.** la bouillabaisse, le cassoulet, le foie gras, la choucroute.

Page 43
Oral : 1, 3, 10, 11, 12, 13, 15, 17.
Écrit : 2, 4, 5, 6, 7, 8, 9, 14, 16, 17.

Page 44
1. à, au, en — **2.** en, sur, dans, à, à la, dans, à — **3.** en, en, au — **4.** en, aux, en, à, à — **5.** à la, à, à, dans les — **6.** à, au, dans le, à, en, dans — **7.** à, au, de.

Page 45
1. La Corse, la Provence, l'Alsace, la Bretagne. — **2.** Orléans, Metz, Rouen, Limoges. — **3.** La Garonne, la Loire, le Rhône, la Seine. — **4.** Le

Pages 46-47
1. Vous partez à quatre avec 20 jours d'eau. Il en reste 16 à la fin du 1er jour. L'un des 4 retourne avec 1 jour d'eau, reste 15 jours pour les 3. À la fin du 2e jour il reste 12 jours d'eau. Un 2e compagnon retourne avec 2 jours d'eau : reste 10 jours d'eau. À la fin du 3e jour il reste 8 jours d'eau, le 3e compagnon retourne avec 3 jours d'eau. Vous restez seul avec 5 jours d'eau, à un jour du but. — **2.** « L'argent ne fait pas le bonheur. » — **3.** *Mot de liaison :* cependant, et pourtant, en effet, or, c'est ainsi qu'. *Verbes à l'imparfait :* était, faisait, vivaient, était, étaient, étaient, avait, travaillaient, mangeait, avaient, adoraient, chantaient, dansaient, se moquait, attristait, disait, étaient, aimaient, était, aimait, voulait.

Page 48 *(Réponses possibles :)*

1. le professeur de maths	aux élèves	en cours	en classe
2. la mère	à son fils	un matin	dans le couloir
3. le médecin	au patient	en consultation	dans son cabinet
4. la femme	aux invités	à 8 heures	dans le salon
5. le client	au serveur	à midi	au restaurant
6. le mari	à sa femme	à 23 heures	dans la rue
7. l'homme	à une femme	un soir	dans la voiture
8. l'enfant	à son père	en promenade	dans la forêt
9. un jeune homme	à une vieille dame	à 11 h	sur un cours de tennis
10. un téléspectateur	à un autre	pendant un match	devant la télévision
11. un élève	à un copain	pendant la récréation	dans la cour
12. un fonctionnaire	à un client	à 10 heures	au guichet
13. un voyageur	à un autre	à l'heure de pointe	dans le métro
14. un touriste	à un passant	un samedi	à Paris

Page 49
1d, 2i, 3j, 4a, 5g, 6b, 7c, 8e, 9h, 10f.

Pages 50-51
1. a4, b2, c1, d3. **2.** Autres titres possibles : — **a)** La terroriste de la musique. — **b)** L'homme de la nature. — **c)** La féministe. — **d)** Le jeune chômeur.

2.

20 ans		38 ans	15 ans et demi
Paris	Au pré d'argent	Lyon	Paris
Défaitiste	Solitaire, heureux	Combative, féministe	Indépendante
les vacances les enfants	la nature ses moutons	son travail le pouvoir	la violence la musique rock

Adjectifs possessifs liés à Jules : ta (moustache), ton (nez), ma (mère), ses (vingt ans), ta (mère), ta (tante), ma (femme), ta (Julie).

Adjectifs possessifs liés à Gaston : mon (vieux), ton (vieil ami), ma (femme), mon (usine), mes (deux filles), nos (femmes), ton (garçon), ton (père), ton (Antoinette).

Adjectifs possessifs liés aux deux : notre (belle Antoinette), notre (ami Arthur), notre (enfance), votre (école), notre (Julie), notre (Antoinette).

Page 53

1. Paris, Lyon, Bordeaux, Marseille. **2.** 1r, 2q, 3u, 4f, 5v, 6k, 7b, 8g, 9o, 10d, 11m, 12c, 13s, 14l, 15i, 16p, 17e, 18n, 19j, 20t, 21h, 22a.

Page 54

1a) au parking. — **1b)** du pain.

2. Vous sortez du parking et prenez la rue où se trouve le tennis. Continuez sur le trottoir de droite. Prenez la deuxième à droite. En sortant du tabac, tournez à gauche. La poste est à côté. En sortant, traversez le pont le plus proche pour vous rendre au café de l'autre côté du canal.

Page 55

Réponses possibles : **1.** J'ai froid ! — **2.** Tu me plais. — **3.** Je suis mal réveillé. — **4.** Je n'ai pas envie de payer. — **5.** Arrête de crier. — **6.** Tu vas trop vite. — **7.** J'ai soif. — **8.** Je ne veux pas lui parler. — **9.** Tu peux le porter ? — **10.** Tu m'accompagnes ? — **11.** Je voudrais passer la soirée avec toi. — **12.** Je veux une cigarette. — **13.** Je n'ai pas compris. — **14.** Je ne veux pas que vous partiez. — **15.** Je veux partir. — **16.** Je suis fatigué(e).

Pages 56-57

a) À quelle heure arrivons-nous ? — **b)** Pouvez-vous m'indiquer l'adresse d'un hôtel bon marché ? — **c)** Vous avez une chambre ? — **d)** Je peux téléphoner ? — **e)** Où se trouve la banque transatlantique s'il vous plaît ? — **f)** À quelle station dois-je descendre pour aller bd Haussmann ? — **g)** La banque transatlantique s'il vous plaît ? — **h)** Quel est le guichet où je peux retirer de l'argent ? — **i)** Comment dois-je faire pour retirer plus de 50 000 F ? — **j)** Pourrais-je retirer 100 000 F sur le compte de M. Martin ? — **k)** Pourrais-je connaître ma condamnation ?

Page 59

Mercredi matin (10 heures-12 heures). À condition que M. Dagobert avance son retour de Londres à mardi soir et que Mme Hautecourt n'aille pas écouter ses collègues ce matin-là.

Page 60

… Il leur demande s'ils ont déjà commandé. Henri répond affirmativement et propose de leur payer à boire. Pierre commande une bière pour Jean et suggère de fermer la fenêtre car il fait froid. Henri demande une cigarette, Pierre lui en propose une en cherchant son briquet. Jean le trouve par terre. Henri lui dit de vite boire sa bière car ils veulent partir. Jean leur propose de partir sans lui et dit qu'il les suit dans une minute.

Pages 62-63

A. 1. Impatient. — **2.** Indécis. — **3.** Hautain. — **4.** Méprisant. — **5.** Exigeant. — **6.** Conciliant. — **7.** Difficile. — **8.** Agressif.

B. *Réponses possibles :* **1.** Vous m'avez demandé un steack au poivre vert ? — **2.** Vous voulez que je vous apporte autre chose ? — **3.** Elle est à l'heure ? — **4.** Votre steak-frites arrive, Monsieur. — **5.** Avec un ballon de rouge ? — **6.** Moi aussi, quand j'ai faim, je ne suis pas difficile ! — **7.** Très bien monsieur. — **8.** Une chose est sûre : il n'a pas d'arête.

Page 64

Foies de volailles aux raisins

Ingrédients pour 6 personnes :
- 700 g de foies de volailles
- 1 kg de raisins
- 100 g de beurre
- sel, poivre
- une pincée des « quatre épices » (mélange d'épices typiques de la cuisine française : poivre, noix de muscade, clous de girofle et gingembre)
- une pincée de sucre en poudre
- 4 cuillerées à soupe de vinaigre de vin
- 200 g de gelée au porto
- 1 cuillerée de crème fraîche.

Épépinez les grains de raisins. Faites fondre 50 g de beurre dans une poêle puis faites dorer les foies à petit feu en les retournant de temps en temps. Salez, poivrez. Ajoutez une pincée des « quatre épices ». Lorsque les foies sont bien dorés ajoutez le sucre en poudre et le vinaigre. Laissez réduire. Versez la gelée par-dessus.

Mettez les raisins dans une casserole avec 50 g de beurre. Faites chauffer et ajoutez une cuillerée de crème fraîche. Poivrez.

Disposez le tout dans un plat.

Page 65

1. *Réponse possible :* Une véritable machine à applaudissements. — 2. Celui-ci → le théâtre ; Celles-ci → les dames ; ceux-là → les messieurs ; celle-ci → Mme le député ; celle-là → Mme le juge ; celle-ci → la machine ; ceux-ci → les spectateurs ; ceux-là → les acteurs ; celle-ci → Mme le Député ; celle-ci → (cette) machine. — 3. 30 jours par mois il est seulement M. Dubouchon, mais le premier dimanche de chaque mois, il est assis près de M. le Juge et derrière M. le Député. Celui-ci est encore jeune et beau. Celui-là par contre achète une boîte de crème antirides tous les deux jours. La femme de M. le Juge préfère le cinéma quand il va au théâtre et le théâtre quand celui-ci va au cinéma.

Pages 69-70

1. a) *Le Matin, Libération,* b) *Le Nouvel Économiste, Télérama, Elle,* c) *La Quinzaine,* d) *Marie France, la Recherche, Que Choisir ?, Pilote, Actuel, Sciences et Avenir.* — 2. a) *L'Usine,* b) *Jazz,* c) *Sciences et Avenir,* d) *la Quinzaine,* e) chirurgien, f) restaurateur, g) étudiant, h) Directeur général. — 3. a) *Jazz,* b) *Que Choisir ?,* c) *Télérama,* d) *Jeux et Stratégies,* e) *Géo,* f) *Elle, Marie France,* g) *Pilote,* h) *Elle,* i) *Paris Match.* 5. *le Matin Marie France Pilote L'Automobile.* — 6. a) *Sciences et Avenir,* b) *Pilote,* c) *Actuel,* d) *Géo,* e) *Tennis,* f) *Le Nouvel Économiste,* g) *Jazz,* h) *Elle,* i) *Jeux et Stratégies,* j) *Le Matin.*

Page 71

1. Un livre de garde / un chien de bibliothèque.
   → Il aboie après les voleurs dans les bibliothèques.
2. Des lunettes de boxe / Des gants de soleil.
   → lunettes protégeant des coups de soleil.
3. Un coup d'air / un courant d'œil.
   → regard fugitif.
4. Une femme de nuit / Une crème de ménage.
   → femme qui ne sort que la nuit.

Page 72

Réponses possibles : **a)** 2, 5, 11, 16, 18, 31... — **b)** 23, 24 — **c)** 1, 2, 3, 11, 12... — **d)** 1, 2, 3, 7, 11, 12... **e)** 4, 24, 26 — **f)** 13, 32... — **g)** 8, 14, 26... — **h)** 8, 14... — **i)** 4, 27... — **j)** 20, 25, 30... — **k)** 13, 17, 18... — **l)** 10, 12, 13... — **m)** 1, 9, 29...

Page 73

a) sept. — b) treize. — c) quarante-deux. — d) quarante et un. — e) cent trente-quatre. — f) huit cent cinquante-cinq. — g) seize mille soixante. — h) un million cent quatre-vingt-huit mille neuf cent quatre-vingts. — i) deux millions soixante-six mille huit cent soixante et onze.

Page 74

Réponses possibles : Les études, le travail, la moralité / le rêve, les concerts ? / je dois aller travailler en bibliothèque / les systèmes économiques et politiques pour préparer le concours des grandes écoles / j'ai l'air complètement démodé / le code civil / que ma femme porte une robe blanche.

Page 75

1. *Réponses possibles :* Je passe tous les ans mes vacances en Grèce / Moi, je vais souvent au Pérou / Ma femme et moi, nous allons parfois dans les Alpes / En été, je vais toujours sur la côte d'Azur / Je ne vais jamais sur la côte ouest / Je passe chaque été à la montagne
2. *Réponses possibles :* Mon cher oncle / Cannes / sud / la France / le soleil / la mer / à la plage / vais au marché / bus / travaille / sors plusieurs / rester seule / occupés / disponibles / des vêtements et une montre / la bouteille de Cognac / t'embrasse / nièce.

Pages 76-77-78

3. On vous l'a. — 4. Vous l'a volé. — 5. On nous l'a volée. — 6. Me les a volées. 7. On lui a volé. — 8. On me les a volées. — 9. Qui me les a volés ? 10. ... Celui qui a volé mon coq. — Celui qui a volé ma perruque est... — Celui qui a volé mes habits — Celui qui a volé mes lunettes est... — Celui qui a volé mon sac... — Celui qui a volé. — 13. Cette perruque, c'est celle du coiffeur. — C'est bien celui de l'église. — Cette statue qui est celle de notre parc. — Ce képi, c'est celui du commissaire. — Ce sont celles de l'instituteur. — c'est celle de la femme du Lac. — Celles de Mme Rosa ? — Celui du facteur.

Pages 79-80

1a) Sartre, Proust, Voltaire, Camus. — b) Toulouse-Lautrec, Renoir, Delacroix, Manet. — c) Delon, Depardieu, Bourvil, Fernandel. — d) François Ier, Louis XIV, Charles IX, Henri IV. — e) De Gaulle, Mitterrand, Thiers, Poincaré. — f) Berlioz, Debussy, Lulli, Ravel. — g) Aznavour, Brassens, Lavilliers, Bécaud. — h) Prost, Platini, Éric Tabarly, Cerdan. — i) Godard, Truffaut, Marcel Carné, Jean Renoir. 2. a) Jeanne d'Arc. — b) Édith Piaf. — c) Marguerite Duras. — d) Marie Curie. — e) Coco Chanel. — f) Simone Veil. — g) Simone Signoret, Isabelle Adjani. — h) personnage historique. — i) littérature. — j) littérature. — k) théâtre. — l) politique. — m) chanson. — n) littérature. — o) personnage historique.

Page 81

1. L'extra-terrestre arrive dans le jardin, un pistolet à la main, la tête haute. Je l'attends debout derrière la porte. Mon mari se cache en tremblant de peur. L'étranger phosphorescent pousse la porte sans crainte. Je m'avance. Un tir, un cri et tout est fini.

2. L'extra-terrestre arrive. Dans le jardin, un pistolet à la main, la tête haute, je l'attends. Debout derrière la porte, mon mari se cache. En tremblant de peur l'étranger phosphorescent pousse la porte. Sans crainte je m'avance... un tir, un cri, et tout est fini.

3. L'extra-terrestre arrive dans le jardin, un pistolet à la main. La tête haute, je l'attends debout. Derrière la porte, mon mari se cache en tremblant de peur. L'étranger phosphorescent pousse la porte. Sans crainte, je m'avance : un tir, un cri... et tout est fini.

Page 82

1c. Légume de tendresse. — **2c.** verre percé de plusieurs trous. — **3c.** femme pour rassembler les soldats. — **4c.** miroir fait avec une crème gelée. — **5c.** légume que l'on met dans sa poche. — **6c.** Personne d'eau douce à deux nageoires dorsales. — **7c.** Animal pour se savonner la barbe. — **8a.** organe musculaire — **b.** siège des puissances affectives → organe des puissances affectives.

Imprimé en France par Ouest-Impressions-Oberthur - 35000 Rennes - N° 7532